Heinrich Thies
Hilferuf aus dem Folterkeller

Heinrich Thies

Hilferuf aus dem Folterkeller

Die Hamburger Säurefassmorde

Eine Spurensuche

© 2014 zu Klampen Verlag · Röse 21 · 31832 Springe
www.zuklampen.de

Umschlaggestaltung: HildenDesign, www.hildendesign.de
Umschlagmotiv: © HildenDesign / shutterstock.com
Satz: thielenVERLAGSBUERO · Hannover
Druck: CPI – Clausen & Bosse · Leck

ISBN 978-3-86674-400-4

Bibliografische Information der Deutschen Nationalbibliothek
Die Deutsche Nationalbibliothek verzeichnet diese Publikation
in der Deutschen Nationalbibliografie; detaillierte bibliografische Daten
sind im Internet über ‹http://dnb.d-nb.de› abrufbar.

Inhalt

Die dunkle Seite des Pelzhändlers

I	Die Spur der Vermissten	7
II	Soko 924	59
III	Der Prozess	115
IV	Nachspiel	155
V	Briefe aus Santa Fu	167
VI	»Die Angst hat eine kalte Hand« – Der Fall wird zum Film	175

Die Lust am Bösen – Sadomasochismus: Das Spiel mit dem Feuer   179

»Das Wichtigste ist das Machterleben« – Interview mit dem Sexualwissenschaftler Prof. Wolfgang Berner   201

Nachwort   215

Anhang

Verwendete Literatur	221
Danksagung	222
Über den Autor	223

Die dunkle Seite des Pelzhändlers

I Die Spur der Vermissten

1.

Es war der 6. September 1991. Ein Freitag. Als am Abend gegen acht Uhr das Telefon klingelte, hatte Karla Sommer ihre Arbeit eigentlich längst hinter sich gelassen. Das Wochenende stand bevor, im Haus war manches liegen geblieben, und weil es schön werden sollte, wollte sie endlich mal wieder einen ausgedehnten Lauf machen. Daraus aber wurde nichts. Der Anruf kam von ihrem Dienstvorgesetzten aus dem Polizeipräsidium am Berliner Tor: Eine Frau war entführt worden. Die 53-jährige Verwaltungsangestellte Christa S. war am Morgen nicht an ihrem Arbeitsplatz im Krankenhaus erschienen, am späten Nachmittag hatte ihr Lebensgefährte Kurt Kloeßer einen Anruf von einer vermeintlichen Rechtsanwältin bekommen. »Wir haben Ihre Lebensgefährtin«, teilte die Anruferin mit. »Wenn Sie möchten, dass sie lebend zurückkehrt, müssen Sie 300 000 D-Mark zahlen.« Fragen des früheren Pelzhändlers wehrte die Unbekannte ab – auffällig oft mit den Worten »okay, okay«. Merkwürdig war, dass die Entführte sich zuvor selbst an ihrem Arbeitsplatz gemeldet hatte. Eine von vielen Merkwürdigkeiten. Auch beim Sohn der verwitweten Frau war ein Anruf eingegangen. Aber für Nachfragen blieb keine Zeit. Eine sogenannte Verhandlungsgruppe wurde zusammengestellt, und Karla Sommer war für die Angehörigenbetreuung vorgesehen. Schon am nächsten

Morgen um acht Uhr hatte sie sich beim Lebensgefährten der Entführten einzufinden, um gemeinsam mit einem Kollegen vierundzwanzig Stunden im Haus des älteren Herrn im Stadtteil Poppenbüttel zu verbringen. Am Sonntagmorgen sollte sie von einem zweiten Team abgelöst werden. Klar, dass sie danach hundemüde sein würde und an einen Sonntagsausflug nicht mehr zu denken war.

Da die Umstände der Entführung und Lösegeldforderung mysteriös und undurchsichtig waren, wurde sie aufgefordert, bei ihrer Angehörigenbetreuung vorsorglich eine Waffe mitzuführen. Selbstverständlich diskret.

Die meisten Hamburger schlafen noch, als die 44 Jahre alte Kriminalbeamtin am nächsten Morgen ihre Sig Sauer P 6 ins Holster schiebt und in Richtung Poppenbüttel fährt. Wie ihre Kollegen hat sie die Anweisung erhalten, ihr Auto einige hundert Meter entfernt von dem weißen Bungalow des Kürschnermeisters zu parken. Denkbar, dass der Entführer das Haus in der Ulzburger Straße überwacht und den Besuch der Kriminalbeamten bemerkt. Das könnte Komplikationen geben – und gefährlich für das Entführungsopfer werden. Immerhin darf Karla Sommer den Vordereingang benutzen. Die übrigen Kollegen sollen sich dem Haus durch eine hintere Gartenpforte nähern und einen Nebeneingang nehmen.

Kürschnermeister Kloeßer, der bis vor wenigen Jahren noch ein eigenes Pelzgeschäft betrieben hat, wirkt unruhig und übermüdet, ist aber gleichwohl elegant gekleidet – mit Seidenhemd, Jackett und Halstuch. Karla Sommer erläutert, dass sie bereit ist, sich in dieser schweren Zeit um den Haushalt zu kümmern: einkaufen, putzen, kochen. »Außerdem stehen wir Ihnen natürlich auch zur Verfügung, wenn noch mal so ein Anruf kommen sollte.«

»Danke, das ist sehr freundlich.« Kloeßer ist anzusehen,

wie er darum ringt, die Fassung zu wahren. Nervös knetet der alte Herr die Hände, zuckt mit den Augenlidern, presst immer wieder die Lippen zusammen. Als alle technisch-praktischen Fragen geklärt sind, lässt er sich in einen Sessel sinken und beginnt zu erzählen, wie ihn die Ereignisse dieses Tages aufgewühlt haben.

Der Anruf lässt ihm keine Ruhe. Die Stimme dieser Rechtsanwältin sei ihm irgendwie bekannt vorgekommen, sagt er. »Wenn ich bloß wüsste, woher.«

Sowie sich der Entführungsverdacht konkretisiert hatte, ließ die Polizei das Telefon anzapfen. Zum Glück. Immer wieder lässt Kloeßer die Aufnahme abspielen, kommt aber nicht darauf, woher er die Stimme kennt. Auch er selbst ist bei der Aufnahme zu hören. Mit zittriger Stimme weist er darauf hin, dass er krank sei, wieder mal von einem heftigen Herzrasen geschüttelt werde, fragt, ob man ihn »totkriegen« wolle. Daraufhin redet die Anruferin besänftigend auf ihn ein. »Okay, okay …« Frau S. werde nichts passieren, wenn er die 300 000 Mark zahle. »Keine Angst. Da brauchen Sie sich keine Sorgen zu machen.«

Diese Stimme. Immer wieder fragt Kloeßer sich, woher er die Stimme kennt, kommt aber zu keinem Ergebnis. Wie die Polizei zweifelt der frühere Pelzhändler daran, dass es sich bei der Anruferin wirklich um eine Rechtsanwältin gehandelt hat. Denn vermutlich würde sich keine Anwältin der Welt auf so plumpe Weise für ein solches Verbrechen einspannen lassen und sich dann auch noch als Anwältin zu erkennen geben.

Kloeßer betont, dass er alles tun will, damit seine Lebensgefährtin heil zurückkehrt. Wirklich alles. »Ich krieg das Geld schon zusammen, keine Sorge. Wichtig ist, dass Christa nichts passiert.«

Die dunkle Seite des Pelzhändlers

Der Kürschnermeister hat schließlich schon einmal eine Frau verloren: seine Ehefrau Hildegard. Fünf Jahre ist das erst her. Völlig unerwartet war Hilde aus seinem Leben verschwunden. Von einem Tag auf den anderen nicht mehr auffindbar. Eine seltsame Sache. Und ebenso beunruhigend wie die merkwürdige Lösegeldforderung jetzt ist für Kloeßer, dass diese vermeintliche Rechtsanwältin davon weiß. Einige Tage vor der Entführung von Christa S. nämlich hat sie sich bereits gemeldet und ihn an den schmerzlichen Verlust erinnert »Ich vertrete Ihre Frau Hilde«, hat die Anruferin gesagt. »Die möchte jetzt endlich die Scheidung.«

Außerdem habe die angebliche Anwältin ihn gebeten, mit einer Person seines Vertrauens sprechen zu können, erzählt Kloeßer den Polizisten. Daraufhin habe er Christa genannt. Die sei mal Anwaltsgehilfin gewesen und wisse, wie man aufdringlichen Leuten den Marsch blase. Aber wahrscheinlich sei das ein Fehler gewesen. Ein großer Fehler.

Am Vorabend der Entführung habe die merkwürdige Rechtsanwältin noch einmal angerufen und mit Christa S. gesprochen. »Der Pass von Frau Kloeßer ist abgelaufen«, teilte die Anruferin mit. »Der muss dringend verlängert werden, Frau Kloeßer will ins Ausland reisen.« Als Christa S. nach einem Lebenszeichen oder einer Vollmacht der Vermissten fragte, habe die Anruferin sofort aufgehängt.

Karla Sommer horcht auf und hakt nach: »Wie war denn das damals mit Ihrer Frau? Hat die sich tatsächlich nie mehr gemeldet?«

Kloeßer schüttelt den Kopf und erzählt.

2.

Alles begann am 12. März 1986. Kurt Kloeßer war gerade mit seiner Frau Hildegard von einer gemeinsamen Urlaubsreise aus Fuerteventura zurückgekehrt, da geschah das Unbegreifliche: Als der Pelzhändler am Abend nach Hause kam, war seine Frau verschwunden. Auch Dackel Donald war nicht mehr da. Auf dem Esszimmertisch fand der Kürschnermeister eine Art Abschiedsbrief – eine knappe Nachricht in der Schrift Hildegards:

»Hab Arbeiten satt
ich will nicht mehr Arbeiten
Vill nur noch Leben. im Urlaub ist mir klar geworden.«
Auf der Rückseite stand:
»Brief Folkt.«

Kloeßer verstand die Welt nicht mehr. Bisher hatte seine Frau nie Andeutungen in dieser Richtung gemacht. Sie schien sich wohl zu fühlen an der Seite ihres Mannes, dessen Pelzhandel dem Ehepaar ein sorgenfreies Leben bescherte – zumindest in materieller Hinsicht. Natürlich hatte es immer wieder mal Streit gegeben. Aber wo gab es das nicht? Das war doch normal. Kein Grund jedenfalls, so Knall auf Fall das Weite zu suchen. Nach 32 Ehejahren!

Und dann dieser Brief. Eigentlich war es gar nicht Hildes Art zu schreiben. Sonst rief sie immer an, wenn sie unterwegs war.

Aber zwei Tage später kam ein weiterer Brief in Hildes Handschrift. Das Schreiben hatte die gleiche Stoßrichtung wie das erste, war nur noch viel ausführlicher.

»Lieber Kurti
Ich habe dich jahrelang gebeten, das Geschäft aufzugeben oder zu verkaufen. Aber du suchst immer neue ausreden um bei deinen Pelzen zu bleiben. Das wurde mir jetzt im Urlaub erst richtig klar. Nur 14 Tage im warmen, das ist mir zu wenig ... Ich will und kann nicht mehr arbeiten [...]. Ich gebe dir noch eine möglichkeit benehme dich wie ein Mann, laufe nicht gleich zur Polizei, denn die kennt meine neue Adresse nicht. Bitte bleibe ganz ruhig und denke darüber nach [...]. Verhalte Dich ruhig, dan könnte es sein das meine Sachen mit mir plötzlich wieder im Hause sind ...«

Eindringlich wurde Kloeßer in diesem in Hamburg abgestempelten Brief vor allem ermahnt, sich keinesfalls an die Presse zu wenden oder etwa Detektive einzuschalten.

Am selben Tag ging auch bei der Hamburger Polizei ein Brief in der Schrift Hildegard Kloeßers ein. »Ich bin keine Vermisste«, stand darin. Es mache daher keinerlei Sinn, nach ihr zu suchen.

Einen Brief mit ähnlichem Inhalt bekam auch Hildes Schwester. Sie möge ihren Schwager doch bitte dazu bringen, endlich vernünftig zu werden:

»Wenn Er die Polizei verrückt macht bitte beruhige ihn.«

Auch Kurt Kloeßer erhielt wieder Post von seiner Frau.

»Wenn Du mein Verschwinden weiter überall erzählst, komme Ich gar nicht mehr nach Hause. (Das ist unsere Sache) ...«

Kloeßer war wie vor den Kopf geschlagen – zumal auch Kleidungs- und Schmuckstücke seiner Frau verschwunden waren. Außerdem – und das gab schon sehr zu denken – fehlten zwanzigtausend Mark. Das Geld war hinter einem Spiegelschrank im Badezimmer versteckt gewesen. Jemand hatte den Spiegelschrank regelrecht aus der Wand gerissen, um an das Geld zu kommen. Unvorstellbar, dass Hilde das gemacht haben könnte. Völlig undenkbar!

Rätselhaft war auch, warum seine Frau ihre Pelzmäntel mitgenommen haben sollte, obwohl sie, wie sie schrieb, ein neues Leben im sonnigen Süden beginnen wollte. Zur Bestätigung schickte sie Ende Mai 1986 ihrem Mann und ihrer Schwester Urlaubsgrüße von der Insel Teneriffa – aufgegeben an ihrem Geburtstag:

»Es geht mir gut. Mach Dir keine sorgen.
[…] Kann endlich wieder lachen.
Viele Grüße von Donald und Hilde.«

Oft hatte Kloeßer gemeint, alles sei nur ein böser Traum. Aber es war Realität. Ein nicht enden wollender Alptraum. Mochten seine Angehörigen noch so besänftigend auf ihn einreden, er kam einfach nicht zur Ruhe. Monatelang suchte der Pelzhändler nach seiner Frau – zuerst in Hamburg, dann gemeinsam mit seinem Dekorateur auch auf Teneriffa. Es war alles vergebens.

Am 8. September ging er schließlich verzagt zur Polizei und erstattete Vermisstenanzeige, doch besonders ernst genommen fühlte er sich nicht. Die Beamten versicherten ihm zwar routinemäßig ihr Mitgefühl, als er aber von den Briefen seiner Frau erzählte, schüttelten sie den Kopf und rollten vielsagend mit den Augen. Gerade so, als hielten sie ihn für einen der vielen vertrottelten Ehemänner, die nicht begreifen können, dass ihre Frauen genug von ihnen haben und alles auf eine neue Karte setzen wollen. Zusätzliche Sorgen machte ihm, dass seine Schwägerin einen Abwesenheitspfleger für ihre vermisste Schwester einsetzen ließ, um deren Vermögen zu sichern. Unter anderem ein Mehrfamilienhaus, das er seiner Frau überschrieben hatte. Für die Kosten des Abwesenheitspflegers hatte Kloeßer aufzukommen.

Zu allem Überfluss wandten sich nach und nach auch noch viele Berufskollegen von ihm ab. Es ging das Gerücht, er habe seine Frau selbst irgendwie beiseite geschafft. Verzweifelt mühte er sich, das Gerede zu entkräften. Aber er kam nicht dagegen an, und so wurde es immer einsamer um den einstigen Innungsvorsitzenden. Kloeßer verlor allen Lebensmut, gab sein Pelzgeschäft auf, wurde herzkrank und musste sich im Krankenhaus behandeln lassen.

Dort lernte er Christa S. kennen. Die Krankenhausangestellte kam gerade darauf zu, als er auf dem Flur eine neue Herzattacke erlitt. Und sie half ihm auch dabei, über den Verlust seiner Frau hinwegzukommen. Schließlich wurden die beiden ein Paar.

3.

Und nun ist auch Christa verschwunden.

Kloeßer sitzt zusammengesunken in seinem Sessel und grübelt weiter über den merkwürdigen Anruf nach. »Mein Gott, diese Stimme. Woher kenn ich bloß die Stimme?«

Die Polizistin schenkt ihrem Gegenüber eine Tasse Tee ein. »Darüber sollten Sie sich jetzt nicht mehr das Gehirn zermartern, dafür ist es zu spät. Das wird Ihnen bestimmt noch einfallen.«

Die Chancen dafür stehen nicht schlecht. Denn das Telefongespräch ist von der Polizei aufgezeichnet worden. Schon am nächsten Tag wird die Aufnahme einem Stimmensachverständigen des Bundeskriminalamts zugeleitet. Der Befund: Frauenstimme, ca. fünfzig Jahre, vermutlich Raucherin.

Karla Sommer und ihre Kollegen legen dem Kürschnermeister ein Foto nach dem anderen vor – alles Frauen aus dem näheren oder entfernten Umfeld Kloeßers, Raucherinnen, auch Nichtraucherinnen und zum Teil deutlich jünger oder älter als fünfzig. Aber Kloeßer schüttelt immer nur den Kopf.

Unterdessen hat der Geschäftsmann die geforderte Lösegeldsumme bei der Bank bereitstellen lassen. Unklar aber ist immer noch, wie das Geld übergeben werden soll. Die ominöse Rechtsanwältin hat angekündigt, sich wieder zu melden. Doch der erhoffte Anruf bleibt aus – zumindest im Hause Kloeßer. Mehrmals dagegen hat sich die vermeintliche Anwältin beim Sohn der Entführten gemeldet. Dabei war schon mal die Rede davon, dass das Lösegeld auf dem Friedhof Ohlsdorf übergeben werden sollte, nähere Modalitäten sind aber noch nicht erörtert worden.

Karla Sommer müht sich bei ihren Einsätzen in Poppenbüttel, dem besorgten Ehemann zur Seite zu stehen. Sie kauft für Kloeßer ein, versorgt ihn nicht nur mit Lebensmitteln, sondern wie gewünscht auch mit einer Flasche Oldesloer Korn. Sie macht ihm Essen, wischt Staub, räumt auf, hält ihn auf dem Laufenden über die Arbeit der Kollegen. Das zermürbende Warten belastet auch sie. Zur Ablenkung bietet Kloeßer ihr an, einige von den Pelzen anzuprobieren, die er noch in seinem Lager hat: Westen, Stolen, Mäntel. Karla Sommer erinnert sich:

»Und dann haben wir eine kleine Modenschau veranstaltet. Die Sachen standen mir wirklich gut. Er wollte sie mir schenken. Aber das habe ich natürlich abgelehnt. Klar, das geht ja nicht.«

In der übrigen Zeit läuft oft der Fernseher – ein nagelneues Gerät mit Videotext. Karla Sommer und ihr Kollege halten sich während ihrer Vierundzwanzig-Stunden-Schichten mit Kaffee wach. Schlafen ist während der Betreuungsschichten nicht vorgesehen. Allenfalls ein bisschen dösen – im Sessel oder auf der Couch. Besonders lang werden die Nächte. Wenn der Hausherr im Bett liegt und nichts, absolut nichts passiert. Jedes Geräusch lässt die Polizeibeamten während dieser stillen Stunden zusammenzucken – sei es auch nur das Rascheln der Zeitung, die sich der Kollege auf einem Sessel unter die Füße gelegt hat, um sich ein bisschen auszustrecken.

Schließlich kommt es zu einer überraschenden Wende. Zuerst erschrickt Karla Sommer, als am Freitagabend, eine Woche nach der Entführung, der Leiter der Verhandlungsgruppe bei ihr anruft und von einer »dramatischen Entwicklung« spricht. Dann aber atmet sie auf: Die Entführte ist vor der Polizeiwache in Hamburg-Langenhorn auf freien Fuß gesetzt worden. Sie hat sich an der Wache gemeldet und ist wohlauf.

Später am Abend – es ist schon kurz vor Mitternacht – erhält die Polizeibeamtin einen zweiten Anruf von ihrem Dienstvorgesetzten. Sie wird gebeten, ins Polizeipräsidium zu kommen. Christa S. soll von dem Hamburger Gerichtsmediziner Professor Klaus Püschel im Beisein Karla Sommers eingehend untersucht werden.

Wie geplant findet die Untersuchung auch in der Nacht vom 13. auf den 14. September statt. Der Befund ist negativ. Hinweise auf sexuelle Übergriffe und körperliche Misshandlungen finden sich bei der korpulenten Frau nicht. Dies deckt sich mit dem, was die Freigelassene zuvor selbst gesagt hat: »Er hat mich nicht angerührt, jedenfalls nicht sexuell. Das können Sie mir ruhig glauben ...«

Doch die Vernehmungsbeamten zeigten sich skeptisch. Was Christa S. über ihre Entführung erzählte, fanden sie ziemlich wirr und unglaubwürdig. Als sie gleich nach der Freilassung tränenüberströmt und mit zerzausten Haaren in die Polizeiwache von Hamburg-Langenhorn gestürmt war, glaubten die Polizeibeamten, sie sei der psychiatrischen Klinik in Ochsenzoll entlaufen. Kein Wunder: Seit einer Woche schon trug sie gezwungenermaßen die gleiche Kleidung und roch auch entsprechend.

Im Verlauf der späteren Vernehmungen wurde es für die Freigelassene noch schlimmer. Sie wurde von den Kriminalbeamten in die Mangel genommen, als habe sie alles nur vorgetäuscht, gemeinsame Sache mit ihrem Entführer gemacht. Man glaubte ihr einfach nicht. Ob sie einsam sei, etwas erleben wollte, wurde sie gefragt.

Christa S, machte es wütend, nach der schlimmen Zeit im

Keller so behandelt zu werden. Sie beschimpfte weinend die Polizisten, die es ihr noch nicht einmal gestatten wollten, mit ihrem Lebensgefährten zu telefonieren.

Entsprechend fiel dann auch das Fazit der Vernehmungsbeamten aus: »Die spinnt, die Dame.«

Sehr viel differenzierter fasst einige Jahre später der Gerichtsmediziner Klaus Püschel seinen Eindruck zusammen. »Christa S. war in ihrer psychischen Verfassung sehr wechselhaft«, schreibt Püschel in seinem Beitrag für den Sammelband *Die unglaublichsten Fälle der Rechtsmedizin*. »Sie weinte hin und wieder und erschien müde, abgespannt und erschöpft; dann wieder war sie ruhig, wirkte voll konzentriert und machte klare Angaben.«

Gegen drei Uhr in der Nacht wird Karla Sommer schließlich gebeten, Christa S. nach Hause zu fahren. Während der dreißigminütigen Autofahrt berichtet ihr die energische Frau noch einmal von den Ereignissen der zurückliegenden Woche. Das alles klingt nach wie vor ziemlich verrückt. Sommer versteht, dass ihre Kollegen mit Skepsis reagierten. Aber sie lässt sich nichts anmerken und hört aufmerksam zu.

4.

Sie sei vor Schreck fast gestorben, als dieser Kerl an jenem Freitagmorgen plötzlich in der Garage ihre Autotür aufgerissen habe, erzählt Christa S. Sie habe das Auto gerade rückwärts herausfahren wollen. Auf einmal habe er neben ihr gestanden und ihr eine Art Pistole an die Rippen gedrückt (wie sich später herausstellte, handelte es sich um ein Elektroschockgerät). Er habe ihr eine verklebte Sonnenbrille aufgesetzt und sie gezwungen, auf dem Beifahrersitz Platz zu nehmen. »Rutsch rüber, ich brauch dein Auto«, habe der Kerl gezischt. »Na los! Mach schon.«

Dann sei er mit ihr durch die Stadt gefahren – mit vorgehaltener Waffe. Wahrscheinlich nicht allzu weit, aber ihr sei die Fahrt endlos vorgekommen. Schließlich habe er irgendwo geparkt, sie zu einem Hauseingang gedrängt und irgendwelche Kellerstufen hinuntergeführt. Am Ende habe er sie gezwungen, durch eine enge Luke in einen winzigen Raum zu steigen – ein fensterloses Kabuff mit gelbem Licht. Hier habe er sie dann mit Handschellen an das Metallgestänge eines Feldbetts gefesselt und versprochen, dass sie wieder freikomme, wenn sie alles tue, was er von ihr verlange. Unter anderem habe sie bei ihren Kollegen in der Krankenhausverwaltung anrufen müssen, um sich krank zu melden. In einem weiteren Telefonat habe sie ihrem Sohn von der Entführung und der Lösegeldforderung berichten können. Später habe der Typ sie auch aufgefordert, Briefe zu schreiben – an Kloeßer und ihren Sohn. Immer mit vorgegebenem Text. Dass es ihr gut gehe und so weiter. Auch Kassetten habe sie besprechen müssen. Zwischendurch sei ihr »Bewacher« weggegangen, habe aber immer Lebensmittel und Getränke für sie zurückgelassen. Am zweiten Tag der Entführung habe er ihr nach der schrecklichen Nacht morgens sogar Brötchen und Kaffee gebracht und Mineralwasser dagelassen. »Ich bin ein guter Entführer«, habe er gesagt. »Ich helfe dir hier raus. Ich bin ein guter Entführer, glaub mir.«

Immer hin und her sei das gegangen. Mal sei er böse, dann wieder ganz nett gewesen. Einmal habe er ihr erzählt, dass er gern tauche und in Südamerika nach Schätzen suche, ein anderes Mal habe er ihr schreckliche Fotos gezeigt: Polaroidaufnahmen von einer fast nackten Frau, die mit gefesselten Händen am Haken hing, zum Beispiel. Sadistische Pornobilder. »Ich bin immer auf ihn eingegangen, ich wollte ihn ja auf keinen Fall reizen«, berichtet Christa S. Trotzdem habe sie sich aber auch nicht alles gefallen lassen. »Ich habe möglichst nur frisches Obst gegessen, vor allem Äpfel. Dass er mir nichts untermischen konnte. Und ich habe nur aus Flaschen getrunken, die noch ungeöffnet waren.« Der Entführer habe sich ihrem Willen gefügt. Er habe ihr sogar täglich neue Slipeinlagen beschafft.

»Und woher?«

»Von der Dame des Hauses.«

Gleichwohl habe er sie weiter gefangen gehalten in diesem fensterlosen Raum und immer wieder gefesselt. Die Nummern der Handschellen habe sie sich heimlich auf ihrem Mieder notiert – auch die Marke: »Smith & Wesson«.

»Wie ging *das* denn? Wie sind Sie denn an einen Stift gekommen?«

»Ich hatte einen Kugelschreiber – für die Kreuzworträtsel, die er mir gebracht hat.«

Ja, ein merkwürdiger Typ sei das gewesen. Einerseits ganz nett und fürsorglich, und dann wieder so grausam. Mit diesen Handschellen und den fürchterlichen Fotos. Seine Frau lebe in Spanien und arbeite für die Mafia, habe er ihr erzählt.

»Lauter so verrückte Sachen.« Lang und breit habe ihr »Bewacher« ihr auch erklärt, dass er an die Macht der Sterne glaube und sich mit Astrologie beschäftige. Das habe sie schon ziemlich komisch gefunden, kurze Zeit später dann aber wieder Tränen in den Augen gehabt. Denn diese Gefangenschaft sei natürlich alles andere als lustig gewesen. Völlig ausgeliefert habe sie sich gefühlt, immer in der Angst, dass sie nicht lebend aus diesem Verlies herauskomme.

»Aber ich habe mir die Angst möglichst nicht anmerken lassen. Das hat ihm ja gerade Auftrieb gegeben – zu sehen, wie ich zittere und wimmere. Das hat ihn richtig geil gemacht. Ich hab' es seinen Augen angesehen. Der hat sich an meiner Angst regelrecht geweidet. Ich habe darum gegen meine Angst angeredet, hab' ihn vollgequatscht, das Gespräch auf andere Themen gelenkt. Und das hat scheinbar gewirkt. Ja, das hat ihn irgendwie verunsichert. Er war plötzlich nicht mehr der Boss, der Überlegene, der alles bestimmen konnte, und ich nicht mehr das wehrlose Opfer. Objektiv betrachtet natürlich schon, aber eben nicht in seiner Vorstellung. Ich habe mich förmlich aufgebäumt gegen meine Opferrolle. Das hat ihn total aus dem Konzept gebracht – und mir vielleicht das Leben gerettet.« Am Ende hätten ihr vielleicht auch die Sterne ein bisschen geholfen, erzählt die Frau.

»Die Sterne?«

»Na ja, er hat sich doch dauernd mit seinem Astrologen beraten, und der hat ihm wohl am Ende gesagt, dass die Sterne für ihn nicht so gut stehen. Dass es Probleme geben könnte.« Karla Sommer hört aufmerksam zu und fragt behutsam nach, wenn ihr etwas allzu abwegig, wirr oder widersprüchlich erscheint. Obwohl sie bis zuletzt skeptisch bleibt, beschließt sie, für die Kollegen ein Gedächtnisprotokoll anzufertigen. Vielleicht ist ja doch was dran.

Die dunkle Seite des Pelzhändlers

Sie fährt Christa S. zu ihrem Haus in Hamburg-Langenhorn, wo ihr Sohn schon auf sie wartet. Den Rest der Nacht wird Karla Sommer im Hause Kloeßers in Poppenbüttel verbringen. »Kommen Sie doch morgen mit Herrn Kloeßer zu mir zum Frühstück«, sagt Christa S. zum Abschied. Karla Sommer bedankt sich für die Einladung, lehnt aber höflich ab.

Als Kloeßer am nächsten Tag von seiner Lebensgefährtin erfährt, dass ihr Entführer einen Bunker besitzt und gern taucht, wird er hellhörig. »Interessant, ich kannte einen, der hat sich vor einigen Jahren auch einen Atombunker bauen lassen. Bei der Einweihung war sogar unser damaliger Bürgermeister Klaus von Dohnanyi, sogar das Fernsehen war damals da. Und getaucht hat der Kerl auch. Seifert heißt der: Lutz Seifert. Der war Geselle bei mir. Später hatte ich ihn in der Meisterprüfung. 1972 muss das gewesen sein. Ich habe ihn beim Schummeln erwischt. Der hat versucht, uns ein Prüfungsstück unterzumogeln, das schon vor der Prüfung fertig war. Der war natürlich sauer, dass ich ihm auf die Schliche gekommen bin.«

Er sei bei der Kürschnerinnung Mitglied der Prüfungskommission gewesen und habe in deutlichen Worten Zweifel an der Qualifikation seines Gesellen geäußert, erinnert sich Kloeßer. »So ein Mensch kann doch keine jungen Leute ausbilden«, habe er gesagt. »Unmöglich. Was wäre das für ein Vorbild?!«

Reichlich unsauber und faul sei dieser Seifert gewesen. Außerdem habe er komische Geschichten erzählt – zum Beispiel von einem Folterkeller in der Heide.

Karla Sommer macht sofort den Vorschlag, im Telefonbuch nach dem Mann zu suchen. Mit Erfolg: Kloeßer findet den Namen und die Adresse seines früheren Angestellten. Seifert lebt am Dompfaffenweg in Hamburg-Rahlstedt – ist mittlerweile mit einer Steuerberaterin verheiratet und Vater einer zwölfjährigen Tochter.

Die Kollegen sind ihm schon auf den Fersen. Sie haben unter anderem herausgefunden, dass der letzte Anruf von einer Telefonzelle in Basedow kam – einem Dorf im Herzogtum Lauenburg, wo Seifert ein Wochenendhaus besitzt.

5.

Alles Weitere ist eine Sache von drei Tagen. Lutz Seifert ist bereits vor der Freilassung der Entführten durch seine Anrufe bei dem Sohn von Christa S. ins Visier der Ermittler geraten. Eine Fangschaltung hat zu ihm geführt. Am Morgen des 17. September 1991 wird er von einem Mobilen Einsatzkommando vor seinem Haus in Hamburg-Rahlstedt festgenommen.

Es verspricht, ein schöner Tag zu werden. Die Sonne hat sich gerade durch den Morgendunst gekämpft. Die Blicke der Nachbarn am Dompfaffenweg aber richten sich nicht auf den Himmel, sondern auf die Polizeibeamten in ihren Kampfanzügen. Noch weniger Interesse für den schönen Spätsommermorgen vermag Seifert aufzubringen.

Anfangs hören die Polizisten nur seine Stimme. »Was soll denn der Quatsch?«, ruft jemand hinter dem Haus. »Verschwindet hier! Haut ab!« Die Stimme klingt so piepsig, dass einer der beteiligten Polizisten meint, dass es sich um eine Frau handeln muss. Vielleicht die ominöse Rechtsanwältin, die die Lösegeldforderung übermittelt hat?

Aber die hohe Stimme, die Kurt Kloeßer so bekannt vorgekommen war, gehört Lutz Seifert selbst. Als Karla Sommer später davon erfährt, fasst sie sich an den Kopf: »Wären wir doch nicht so auf eine Frau fixiert gewesen! Dann hätten wir Kloeßer natürlich nicht nur Frauenfotos, sondern auch die Fotos von Männern aus seinem Bekanntenkreis vorgelegt.«

Doch für die Kriminalkommissarin ist der Fall zunächst abgeschlossen. Nur von Kollegen erfährt sie nach der Festnahme, dass Seifert zwar alles abstreitet, aber so gut wie überführt ist. Auch Christa S. hat dazu beigetragen. Die Entführte hat nämlich die Aufkleber von den Äpfeln, die Seifert ihr in den drei mal drei Meter großen Raum hinter dem Atombunker brachte, heimlich an die Wand hinter ihrem Feldbett geklebt. Um Spuren zu hinterlassen. Als die Ermittler das Kellerverlies inspizieren, entdecken sie die Obstaufkleber sofort. Damit ist zumindest bewiesen, dass sie in dem Raum war – mag Seifert auch behaupten, sie sei ihm freiwillig gefolgt.

So manche Frage bleibt weiter ungeklärt. Immerhin kristallisiert sich allmählich heraus, warum der Beschuldigte Christa S. freiließ, ohne das von ihm verlangte Lösegeld einzustreichen. Seine Frau sei schon vor einer Woche überraschend von der Insel Sylt zurückgekehrt, weil ein dort geplantes Fortbildungsseminar abgesagt worden sei, verrät der Festgenommene. Das habe alles komplizierter gemacht. Er habe zum Beispiel seine Frau davon abhalten müssen, in den Atombunker zu gehen, der auch als Weinkeller genutzt werde. Sie sei zwar sowieso nur selten in den Bunker gegangen, aber zur Sicherheit habe er jetzt auch noch eine Lampe dort unten zerschlagen. »Dann habe ich ihr eingeschärft, dass sie auf keinen Fall in den Keller gehen soll. Weil die Beleuchtung kaputt ist. Auch meiner Tochter habe ich das gesagt.«
Ein gutes Gefühl aber habe er trotzdem nicht gehabt. Sein Astrologe habe ihn darauf hingewiesen, dass die Sterne nicht günstig für ihn stünden. Vor allem aber hatte Seifert wohl mitbekommen, dass die Polizei ihm auf den Fersen war.

Der Festgenommene ist dem Anschein nach bisher nie mit Straftaten in Verbindung gebracht worden. Lutz Seifert entstammt buchstäblich der Mitte der Gesellschaft. Der Kürschner war – nach seiner Gesellenzeit bei Kloeßer – in das Pelzgeschäft seiner Mutter eingestiegen und hatte damit Kontakt zu Kunden und Berufskollegen aus den gehobenen Kreisen der Hansestadt. Ein Sparkassenfilialleiter, ein Arzt und ein Kriminalbeamter zählten zu seinen Weggefährten. Als der Hamburger Bürgermeister Klaus von Dohnanyi 1983 Seiferts Atomschutzbunker einweihte, empfing er vermögende Freunde und Kunden mit Sekt und Häppchen.

Die Pelzhandlung blieb aber im Besitz seiner Mutter. Die alte Dame weigerte sich bis zuletzt, ihrem Sohn das Geschäft zu übertragen. Klara R. lebte weiterhin in ihrer Wohnung oberhalb des Ladens und ließ sich von ihrem Lutz wenn irgend möglich täglich über den Fortgang der Geschäfte unterrichten. Nicht selten aber musste der Kürschnermeister seine Berichte ein bisschen schönen, um sich nicht den Zorn seiner Mutter zuzuziehen. Denn nach und nach war es mit dem Pelzhandel abwärts gegangen. Seifert machte dafür unter anderem die Hetzkampagne der Grünen verantwortlich, die ganz in der Nähe seines Pelzgeschäfts in der Wandsbeker Chaussee ihre Hamburger Geschäftsstelle etabliert hatten.

Als der Betrieb bereits auf den Ruin zusteuerte, brannte das Pelzgeschäft aus. Manches deutete auf Brandstiftung hin, auf versuchten Versicherungsbetrug, aber das ließ sich nicht beweisen.

Seifert sah sich gezwungen, das Pelzgeschäft aufzugeben, und geriet dadurch offenbar in eine seelische Krise. Der Kürschner litt an Depressionen, ließ sich von einem Psychiater behandeln, unterzog sich einer Kur in der psychosozialen Klinik in Bad Salzuflen.

Am wohlsten fühlte er sich in dieser Zeit offenkundig im Wasser. Als aktives Mitglied eines Hamburger Schwimmvereins pflegte er Kontakt zu Menschen aus allen gesellschaftlichen Bereichen – und als Bademeister in den Alster-Schwimmhallen nutzte er sein Hobby auch zu einem kleinen Nebenverdienst. Nebenbei werkelte er an seinem

Ferienhaus in Basedow bei Lauenburg. Im Sommer lud er oft seine Freunde aus dem Schwimmverein und Nachbarn zum Grillen ein. Er war beliebt, galt als Stimmungskanone in der Ferienhaussiedlung am Lanzer See – als trinkfester Schützenfestbesucher und Geschichtenerzähler. Manchmal zwar ziemlich poltrig, rüde und ungehobelt, allgemein aber doch sehr nett und hilfsbereit. Ein echter Kumpeltyp: locker, umgänglich und nie um einen Spruch verlegen.

Ganz ähnlich sahen ihn auch seine Nachbarn und Bekannten in Hamburg. Obwohl er oft mit fettigen Haaren und in abgewetzter Lederjacke herumlief, gelang es dem kräftig gebauten Mann mit dem Schnauzbart, die Menschen für sich einzunehmen. Vor allem bei Frauen hatte er einen Schlag. Manche fanden es zwar nicht so toll, wenn er sie am Po oder Busen betatschte und seine versauten Sprüche klopfte, doch mit seiner (vermeintlich) offenen und herzlichen Art schaffte er es meist, das Eis zum Schmelzen zu bringen. Nie war es bei ihm langweilig.

Um seine Ehe indessen soll es in der letzten Zeit nicht mehr so gut bestellt gewesen sein. Es hieß, das Ehepaar Seifert lebe nebeneinander her. Gleichwohl galt er als vorbildlicher Vater. Er habe viel Zeit mit seiner Tochter Andrea verbracht, wurde gesagt, sei sogar mal mit ihr allein nach Mallorca in Urlaub gefahren.

Für Andrea brach eine Welt zusammen, als ihr Vater an jenem sonnigen Septembertag festgenommen wurde. Die Zwölfjährige hatte gerade Bundesjugendspiele, als in der Schule Polizeibeamte in Zivil auftauchten.

6.

Karla Sommer verfolgte die Nachrichten über den Festgenommenen nur noch aus der Ferne. Sie nahm wieder ihre bisherige Arbeit in einer Sonderkommission auf, ermittelte gegen Justizbeamte in der Nachlassverwaltung. In den Zeitungen war von »Leichenmafia« die Rede. Die Justizangestellten sollten sich in großem Stil an Verstorbenen bereichert haben: Testamente gefälscht oder unterschlagen, Angehörigen manipulierte Bestatterrechnungen vorgelegt, den Schmuck der Toten an sich gebracht haben. Die Ermittlungen in Sachen »Leichenmafia« erforderten ein hohes Maß an akribischer Recherche. Karla Sommer hatte Rechnungen und Buchungsabläufe zu durchleuchten und war glücklich, auf diese Weise jeden Tag etwas dazuzulernen.

Die Polizeilaufbahn hatte für die Hamburgerin überhaupt erst im Alter von 31 Jahren begonnen. Ihr Sohn, den sie nach der Scheidung allein aufzog, war damals gerade zehn. Zuvor war die erfolgreiche Leichtathletin Sportlehrerin gewesen – auf der Basis von Zeitverträgen hatte sie an verschiedenen Schulen Kinder und Jugendliche unterrichtet – seit 1971 an der Hamburger Polizeischule außerdem angehende Ordnungshüter. Die wenigen Polizeischülerinnen mussten ihre Leibesübungen in dieser Zeit noch getrennt von ihren männlichen Kollegen absolvieren. Und was die jungen Frauen ihr aus dem Polizeialltag berichteten, faszinierte sie. So entwickelte die alleinerziehende Mutter wachsendes Interesse an der Polizeiarbeit und entschloss sich 1978, eine Ausbildung zur Schutzpolizistin zu beginnen.

Frauen hatten in dieser Zeit bei der Polizei noch Seltenheitswert. Bei ihrer Einstellung standen 375 männlichen Polizeischülern nur fünf weibliche gegenüber.

Die Spur der Vermissten

Hamburg, die Stadt, in der sie als Einzelkind geboren und aufgewachsen war, wurde ihr Einsatzgebiet. Wie ihre jungen Kollegen und Kolleginnen erlebte sie ihre ersten Bewährungsproben bei Einsätzen gegen die Hausbesetzerszene aus der Hafenstraße. Nach der Grundausbildung für den mittleren Dienst schloss sich eine Zusatzausbildung für den Dienst bei der Kriminalpolizei an. 1981 wechselte Karla Sommer schließlich zur »Sitte« und widmete sich Delikten wie Vergewaltigung, sexueller Nötigung und Kindesmissbrauch. Neun Jahre blieb sie in dieser Abteilung für Sexualdelikte, wo die Opfer vorwiegend weiblich sind. Die Frauenquote der Beschäftigten liegt hier bei fünfzig Prozent – und ist damit um ein Vielfaches höher als in anderen Polizeibereichen.

»Die Zeit bei der Sitte hat mich sehr geprägt. Da habe ich gelernt, zu unterscheiden, ob einer die Wahrheit sagt oder ob er lügt. Ja, da hatten wir nicht selten mit Falschaussagen zu tun. Mit Frauen, die ihren Männer eine Vergewaltigung angedichtet haben, um sie loszuwerden, aber auch mit echten Vergewaltigern, die versuchten, sich herauszureden und ihre Opfer unglaubwürdig zu machen. Man hat gelernt, auf überprüfbare Details zu achten, auf Dinge, die man sich nicht aus den Fingern saugen kann. In dieser Zeit habe ich viele Glaubwürdigkeitsanalysen gelesen. Das ist mir später zugute gekommen.«

Erfahrungen ganz anderer Art sammelte die Polizistin, als sie 1990 zur Soko »Leichenmafia« abgeordnet wurde. Diese Arbeit nahm sie auch wieder auf, als die Angehörigenbetreuung im September 1991 nach einer Woche beendet war.

Am 1. Januar 1992 begann für die sportliche Polizistin, die inzwischen ein zweites Mal geheiratet hatte, ein neues

Kapitel in ihrer Berufslaufbahn. Sie wechselte zur Mordkommission – bis dahin eine reine Männerdomäne.

Mit dem Entführungsfall Christa S. wurde Karla Sommer erst wieder konfrontiert, als vor dem Landgericht im Mai 1992 der Prozess gegen Lutz Seifert begann. Die Polizeibeamtin wurde als Zeugin geladen. Eigentlich nichts Besonderes, ein üblicher Gerichtstermin. Aber sie sollte sich täuschen.

7.

Karla Sommer schildert dem Gericht detailliert, was das Entführungsopfer ihr in ihrem Auto berichtet hat. Im scharfen Widerspruch dazu stehen die Aussagen des Angeklagten. Seifert bestreitet fast alles, was zu seinen Lasten ausgelegt werden könnte. Christa S. sei ohne Gewaltanwendung mit ihm in den Keller gegangen, behauptet er. Fast klingt es, als habe die Verwaltungsangestellte gemeinsame Sache mit ihm machen wollen.

Bei der geforderten Lösegeldsumme in Höhe von 300 000 Mark habe es sich um »Schwarzgeld« gehandelt, wird er später sagen. Kloeßer habe das Geld unversteuert eingestrichen und musste daher damit rechnen, selbst belangt zu werden, wenn er sich an die Polizei wende. Deshalb habe er gehofft, die Angelegenheit mit seinem früheren Chef direkt zu klären, sozusagen von Mann zu Mann.

Bei anderer Gelegenheit behauptet der Angeklagte, die Mafia habe ihn zu der Lösegeldforderung gezwungen. Das mutet zwar alles reichlich abenteuerlich an, aber Seifert trägt seine Darstellungen mit seiner bisweilen piepsig klingenden Stimme so selbstbewusst und eloquent vor, dass sie den Anschein von Plausibilität vermitteln.

Überzeugend klingt es auch, wenn er darlegt, wie rücksichtsvoll er seine Gefangene angeblich behandelt hat. Am Abend des ersten Tages der Entführung habe er zum Beispiel die Handfesseln der Frau gelöst, so dass sie die Nacht ungefesselt im Bunker verbringen konnte. Am nächsten Morgen habe er dann zwar wieder eine Hand an einen Pfosten des Etagenbettes gefesselt, aber auch den Bewegungsradius der Frau vergrößert, indem er die Handschelle mit einer kleinen Kette verlängerte. Zudem habe er Christa S. eben auch mit

Kaffee und Brötchen versorgt und besänftigend auf sie eingeredet. Als er ihr von dem Telefonat mit Kloeßer berichtete, habe sie angenommen, dass ihr Freund nicht bereit sei, Geld für ihre Freilassung zu zahlen. Das habe die Frau schon sehr beunruhigt.

Das von Seifert zur Schau gestellte Mitgefühl, das sich teilweise mit den Aussagen der Entführten deckt, bleibt vor Gericht nicht ohne Wirkung. Auch seine Angaben zur eigenen Person beeindrucken die Strafkammer. Der frühere Pelzhändler vermittelt den Eindruck, weitgehend ohne eigene Schuld tief gestürzt zu sein. Wirtschaftlich und seelisch. Aber der Angeklagte sieht nicht aus, als käme er aus der Gosse. An jedem Prozesstag erscheint er in Anzug und mit Krawatte. Man könnte ihn immer noch für einen angesehenen Geschäftsmann halten. Eine vornehme Erscheinung. »So fein sah er sonst nicht aus«, sagen Prozessbesucher, die ihn früher meist in seiner abgewetzten Lederjacke gesehen haben. »So schick kenn ich den gar nicht.« Was aber vielen ebenso auffällt, sind seine stechenden Augen – Augen, die einen zu durchbohren scheinen.

Die Rede ist auch von den Pornofotos, die Seifert der Entführten vorlegte – jene Bilder von einer gefesselten nackten Frau, die Christa S. so schockiert hatten. Doch der Angeklagte spricht von üblichen Sadomaso-Aufnahmen und macht kein Hehl daraus, dass er eine Vorliebe für SM-Sex hat. Und Christa S. berichtet zwar, dass die Fotos sie in Angst und Schrecken versetzten, es ihr aber gelungen sei, ihre Angst zu verbergen. Äußerlich kühl und unbeeindruckt habe sie ein anderes Thema angesprochen. Dabei sei ihr zugute gekommen, dass sie im Rahmen ihrer beruflichen Fortbildung Kurse über Gesprächsführung und Verhaltenstraining besucht habe. Offenbar mit Erfolg, denn Seifert habe die Fotos zur Seite gelegt, ihre Handschellen gelöst und wieder von einer dieser Mafia-Geschichten gesprochen.

Eher beiläufig kommt im Gerichtssaal auch das mysteriöse Verschwinden Hildegard Kloeßers zur Sprache. Seifert kannte selbstverständlich die Frau seines früheren Chefs. Dass er sich bei seiner Lösegeldforderung als Anwältin der Vermissten ausgegeben hat, wird vom Gericht als Teil seiner Einschüchterungsstrategie gewertet, weiter aber nicht groß beachtet. Der Angeklagte wusste ja, dass Kloeßer seine Frau vermisste, und niemand in der Strafkammer kommt auf die Idee, ihn dafür verantwortlich zu machen. Darum geht es nicht in diesem Verfahren.

Doch eine siebzig Jahre alte Dame im Zuschauerraum horcht auf, als von der Vermissten die Rede ist. Das alles erinnert Margarete Röhl an ihre eigene Tochter: an Annegret Bauer, die am 6. Oktober 1988 ohne jede Vorwarnung verschwunden ist. Unter ähnlichen Umständen wie Hildegard Kloeßer. Erst 31 Jahre war sie alt.

Wie bei der Frau des Pelzhändlers hatten auch die Angehörigen Annegrets Briefe und Karten erhalten, in denen die junge Frau mitteilte, dass sie einen Mann kennengelernt habe, ein neues Leben zu führen gedenke und in die große weite Welt reisen wolle. Als ihre Mutter bei der Polizeiwache in Wandsbek eine Vermisstenmeldung erstattete, zuckten die Beamten nur bedauernd die Achseln: »Ihre Tochter ist erwachsen und kann selbst entscheiden, wo und mit wem sie leben möchte. Da können wir leider nichts machen.« Dass alles so unbegreiflich sei, ändere nichts daran.

Margarete Röhl äußerte auch den Verdacht, dass Seifert möglicherweise etwas mit dem Verschwinden ihrer Tochter zu tun haben könnte. Der Kürschner war mit dem Ex-Mann der Vermissten eng befreundet und auch mit Annegret gut bekannt. Es sah sogar aus, als laufe er der jungen Frau hinterher, die sich dem Schwimmsport ebenso verschrieben hatte wie er selbst. Annegret Bauer dagegen konnte dem derben Pelzhändler nicht so viel abgewinnen. Sie ließ ihn offenbar abblitzen. Gleichwohl stand sie vor ihrem Verschwinden mit Seifert in Kontakt. Ihre Mutter hatte den Kürschner daher in seinem Geschäft aufgesucht und gefragt, ob er wisse, was mit Annegret sei. Um eine Antwort war er wie üblich nicht verlegen gewesen, hatte wortreich darüber schwadroniert, dass Annegret ganz bestimmt wisse, was sie tue, kein Grund zur Sorge bestehe, er aber auf jeden Fall seine Augen aufhalten werde. Jederzeit könne Annegrets Mutter zu ihm kommen, ohne Hemmungen.

Sprüche. Doch manche Sprüche Seiferts stimmten die Witwe nachdenklich – und irgendwie erinnerte sie die Redeweise des Kürschners auch an den Stil der Briefe und Karten, die da von ihrer Tochter kamen. Der Polizeibeamte in Wandsbek aber schüttelte nur mitleidig den Kopf, als sie dessen Namen ins Spiel brachte. »Lutz Seifert? Ich bitte Sie! Warum sollte *der so* was machen?«

Der Kürschnermeister war schließlich ein angesehener Bürger – kontaktfreudig und mit guten Verbindungen. Immer einen munteren Schnack auf den Lippen. Ein »Sabbelbüddel«, wie die Hamburger sagen. Doch Margarete Röhl wurde dieses ungute Gefühl nicht los. Vor allem blieb es für sie unbegreiflich, warum Annegret einfach so mir nichts, dir nichts von der Bildfläche verschwunden war. Das passte einfach nicht zu ihr. Mehr als drei Jahre war sie nun schon abgetaucht – eine Zeit quälender Ungewissheit, durchmischt von Hoffen und Bangen.

Am Muttertag des Jahres 1992 entdeckte Margarete Röhl schließlich in der Zeitung einen Bericht über den bevorstehenden Prozess gegen Seifert im Landgericht Hamburg. Ihr Entschluss stand sofort fest: »Da muss ich hin.«

Gebannt verfolgt die Rentnerin, wie jetzt im Gerichtssaal die Details der Entführung erörtert werden. Besonders hellhörig wird Margarete Röhl, als Christa S. von jenen Polaroidfotos berichtet, die eine gefolterte Frau zeigten. Sie geht daher in einer Verhandlungspause zu der Zeugin, nimmt ein Foto ihrer Tochter aus der Handtasche und fragt, ob es vielleicht diese Frau gewesen sein könnte, die auf den schrecklichen Bildern zu sehen war. Christa S. nickt: »Ja, die war es. Da bin ich mir ganz sicher. Hundertprozentig.«

Der alten Dame klopft das Herz. Sie fürchtet, dass ihre schlimmsten Angstfantasien Wirklichkeit werden könnten. Eigentlich ist es ja Aufgabe der Polizei, diesem Zusammenhang nachzugehen. Aber nichts spricht dafür, dass man sie dort auf einmal ernst nimmt. Allzu oft ist sie von Polizeibeamten weggeschickt worden. Die Kriminalbeamtin, die da gerade im Zeugenstand ihre Aussage gemacht hat, erscheint ihr vertrauenswürdiger. So wendet sich Margarete Röhl in einer weiteren Verhandlungspause an Karla Sommer:

»Entschuldigen Sie bitte, dass ich Sie einfach so anspreche, aber was Sie da gerade dem Richter gesagt haben, interessiert mich sehr. Meine Tochter ist nämlich verschwunden – auf ganz ähnliche Weise wie die Frau von diesem Pelzhändler.«

Wegen der vielen Unstimmigkeiten habe sie sich schon an die Polizei gewandt, sagt sie. »Aber die nehmen mich einfach nicht ernst.«

Karla Sommer geht mit der Mutter Annegret Bauers in einen Aufenthaltsraum neben dem Gerichtsflur, und dann erzählt Margarete Röhl, warum ihr Leben seit dem 6. Oktober 1988 aus den Fugen geraten ist

8.

Es war ein Donnerstag gewesen – ziemlich windig, aber trocken und mild. An diesem Tag war etwas Merkwürdiges geschehen. Wie üblich hatte die blondgelockte Industriekauffrau in ihrem Haus im Stadtteil Jenfeld einen Zettel mit Anweisungen für ihre Putzfrau hinterlassen, bevor sie gegangen war. Als die Putzfrau den Zettel aber umdrehte, war sie verwirrt gewesen. Auf die Rückseite hatte Annegret Bauer etwas geschrieben, das sie ratlos machte:

»Mir ist sowieso egal was Sie machen
ich ziehe aus.
Alles Gute für Sie persönlich.«

Alles egal? Ich ziehe aus? Was sollte *das* denn?
Tatsächlich kehrte die junge Frau nicht mehr zurück. Auch etliche Schmuck- und Kleidungsstücke blieben verschwunden – ebenso ihr weißer Golf.
Annegrets Mutter war schockiert – auch Annegrets Lebensgefährte. Thomas B., der eine eigene Firma in Hannover betrieb, konnte sich keinen Reim aus dem Verschwinden seiner Freundin machen, die nach ihrer Scheidung ein neues Leben mit ihm beginnen wollte. Sicher, die Beziehung war in letzter Zeit etwas eingetrübt. Thomas B. hatte aus seiner ersten Ehe schon ein Kind. Das machte es nicht so leicht, gleich wieder eine neue Ehe einzugehen, wie Annegret es sich gewünscht hätte. Das schuf Konfliktstoff, war aber noch lange kein Trennungsgrund . Vor allem gab es keinen Grund, einfach das Weite zu suchen. Schließlich hatten sich beide gerade erst ein Haus gekauft – als Heimstatt für eine gemeinsame Zukunft.

Alles war ja so überstürzt. Am Wochenende wollte Annegret Bauer doch eigentlich mit Freunden ins Elsass fahren. Besonders merkwürdig war, dass sie den Rasierapparat ihres Freundes mitgenommen und ihren Lady-Shaver hatte liegen lassen. Alle wunderten sich auch, dass ein Handtuch mit den Initialen einer Tante ihres Freundes verschwunden war. Annegret hatte das Handtuch nie gemocht. Warum nahm sie es jetzt mit – auf dem Weg in ein neues Leben? Und ihre Unterwäsche hatte auch sie zurückgelassen. Das war schon sehr merkwürdig.

Gern hätte Thomas B. Annegret gefragt, was sie bewogen habe, so Knall auf Fall das Weite zu suchen. Aber er wartete vergebens auf einen Anruf. Stattdessen traf in seiner Firma in Hannover nur ein Fax ein.

»Lieber Thomas, es wird ein Schock für dich sein ... ich werde dir dein Wochenende verderben ...«

Ganz sicher war das Schreiben in der Handschrift Annegrets abgefasst, doch die Sendequalität war so schlecht, dass nicht alles zu entziffern war. Deutlich wurde immerhin die Botschaft, dass seine Lebensgefährtin nichts mehr von ihm wissen wollte und nicht zurückzukehren gedachte.

Besser zu lesen war ein Brief, den Annegrets Mutter zwei Tage später von ihrer Tochter erhielt:

»Ich glaube ich habe für Thomas eventuell schon einen Ersatz gefunden. Ich kenne seit 5 Monaten einen Finanzunternehmer der Finanzgeschäfte in der ganzen Welt abwickelt. Er ist sehr vermögend mach mich gern, und wohnt zwischen Zürich und Basel. Sein Haus liegt wunderschön in den Bergen. Er ist seit 4 Jahren geschieden ist 45 Jahre alt und hat einen 12jährigen Sohn, der in den USA lebt.«

Wie war dieser Sinneswandel zu erklären? Bisher hatte Annegret ihren Freund doch noch gedrängt, sich endlich von seiner Frau scheiden zu lassen und möglichst bald zu heiraten. Sie wollte ja ein Kind von ihm, das in geordneten Verhältnissen aufwachsen sollte. Dass es in der Beziehung geknirscht hatte, war auch Annegrets Mutter nicht entgangen. Aber das war doch noch kein Grund, einfach so zu verschwinden.

Die Mutter wunderte sich nicht nur über den Inhalt, sondern auch über die Form. Sonst gab sich Annegret immer so viel Mühe mit dem Schreiben. Warum strotzte dieser Brief von Zeichensetzungsfehlern? Warum waren die Sätze so schlecht gebaut? Das war einfach nicht Annegrets Stil. Die hatte schließlich Abitur. Merkwürdig war auch, dass Annegret die Nummer ihres Personalausweises über den Brief geschrieben hatte. Was sollte das alles?

Margarete Röhl verstand die Welt nicht mehr: Was war da bloß passiert?

Dann kam wieder eine Botschaft, die den Anschein erweckte, als sei es der Verschollenen wirklich ernst mit dem Abschied von ihrem bisherigen Leben: In der Pharma-Firma der kaufmännischen Angestellten ging am 14. Oktober 1988 ein Kündigungsschreiben ein – allerdings nicht in der Handschrift Annegret Bauers, sondern ausnahmsweise auf einer Reiseschreibmaschine getippt:

»Kündigung
Sehr geehrter Herr B.,
ich möchte hiermit mit sofortiger Wirkung kündigen. Meine Gründe dafür liegen nur im privaten Bereich. Ich

war sehr gern in dieser Firma und habe mich wohl gefühlt, bitte haben Sie für mein unkaufmännisches Geschäftsgebaren Verständnis ...
Mit freundlichen Grüßen
Annegret Bauer.«

Nebenbei war in dem Brief auch noch von Urlaubsplänen die Rede.

Die Unterschrift war zweifellos echt. Auch bei etlichen Bestellungen im Namen der Vermissten fehlte die Unterschrift nicht. Und stets wurde die bestellte Ware abgeholt – eine Klappcouch zum Beispiel. Nicht von Annegret Bauer selbst, aber oft unter Vorlage ihres Personalausweises. Außerdem fiel auf, dass größere Geldbeträge vom Bankkonto der Vermissten abgebucht wurden. Schon nach kurzer Zeit war das Konto um 16 000 Mark überzogen; 6000 Mark fehlten auf dem Konto, das Annegret gemeinsam mit ihrem Freund eingerichtet hatte. All dies beunruhigte Annegrets Mutter zusätzlich.

Am 21. Oktober erstattete sie Anzeige. Doch die Polizei sah keinen Anlass, eine Fahndung einzuleiten. Die Botschaften deuteten ja eben darauf hin, dass Annegret Bauer aus freien Stücken gegangen war.

Nur wohin? Auch Bernd Röhl, der Bruder der Vermissten, erhielt eine Karte. »Mein liebes Bruderherz ...« Annegret grüßte mit der Ansichtskarte aus einem kleinen Ort bei Rothenburg ob der Tauber. Als Röhl daraufhin dienstlich in Süddeutschland unterwegs war, sah er sich in dem Ort näher um, fragte in Gaststätten und Pensionen der Gegend, ob jemand seine Schwester gesehen habe. Aber alle schüttelten nur den Kopf.

Auch in Hamburg hielt er Ausschau nach seiner

Schwester – zwar nicht gezielt, sondern eher beiläufig, doch beharrlich und in ständiger Unruhe.

Bernd Röhl erinnert sich:

»*Man guckte an jeder dritten Straßenecke, wenn da eine Frau vorbeiging, und man dachte: Das könnte sie sein. Diese Ungewissheit war schon sehr quälend. Vor allem für meine Mutter. Ich hatte ja meine Familie, aber meine Mutter war ganz allein mit ihren Sorgen.*«

Gut zehn Briefe trafen von der Vermissten ein – bei der Mutter und anderen Familienangehörigen, bei dem Ex-Mann, bei ihrem Lebensgefährten. Nur selten fehlte die Personalausweisnummer, immer strotzten die handschriftlich abgefassten Schreiben von Fehlern. Auch zahlreiche Urlaubskarten erreichten die Freunde und Angehörigen der Verschollenen in den nächsten Monaten. Nicht nur aus Deutschland, sondern auch aus der Schweiz, aus Chile und Brasilien. Sogar drei Weihnachtskarten mit lieben Grüßen waren mit der Unterschrift Annegret Bauers versehen. Dadurch keimte immer wieder so etwas wie Hoffnung auf. Vielleicht hatte Annegret sich ja wirklich entschlossen, ein neues Leben zu führen. Vielleicht tourte sie ja jetzt tatsächlich durch die Welt und würde irgendwann zur Vernunft kommen und heimkehren.

Aber sie kehrte nicht heim. Niemand bekam die junge Frau mehr zu Gesicht. Die letzte Karte war am 31. März 1989 in Rio de Janeiro abgestempelt worden. Danach blieben auch diese Lebenszeichen aus.

9.

Karla Sommer hört interessiert zu, während die alte Dame mit den sorgsam frisierten grauen Haaren erzählt. Das erinnert tatsächlich an das Verschwinden Hildegard Kloeßers. Was aber hat das alles mit Lutz Seifert zu tun, gegen den hier verhandelt wird?

»Oh, das will ich Ihnen sagen«, sagt die Frau. »Meine Tochter kannte den. Sogar sehr gut. Der war mit ihrem Ex-Mann befreundet. Darum ist er dann auch Trauzeuge bei Annegrets Hochzeit gewesen. Ich hab' ihn ja auch kennengelernt.«

Die Polizistin nickt nachdenklich. »Das ist wirklich sehr spannend.«

Und in Kurzform berichtet die alte Dame, vor dem Verschwinden Annegrets habe Seifert sich auffällig um ihre Tochter bemüht. Regelrecht hinterhergelaufen sei er ihr, habe sich eingemischt in die Auseinandersetzungen mit ihrem Lebensgefährten, habe Annegret geschrieben, dass er ihrem Thomas »eins auswischen« wolle und so weiter. Wie ein lieber guter Onkel habe er sich aufgespielt.

Später sei sie auch bei Seifert im Pelzgeschäft gewesen, um sich nach Annegret zu erkundigen. Aber da habe er sie nur vertröstet und in seiner bekannten Art vollgequatscht.

»Er hat mich sogar hier im Gericht begrüßt«, fährt die alte Dame fort »›Hallo, Frau Röhl‹, hat er mir zugerufen, als er im Flur an mir vorbeigeführt worden ist. ›Wie geht's Annegret?‹«

Da habe sie geantwortet: »Das müssen Sie ja wohl besser wissen als ich.«

Karla Sommer schüttelt verblüfft den Kopf. Noch mehr steigert sich ihr Erstaunen, als die Frau ihr ein Foto ihrer Tochter zeigt und sagt, dass sie die Aufnahme auch schon

Christa S. vorgelegt habe. »Das ist wirklich alles merkwürdig, da gebe ich Ihnen recht«, sagt die Polizistin. »Ich verspreche Ihnen, dass ich mich darum kümmere.«

Sie notiert sich Namen, Anschrift und Telefonnummer von Frau Röhl und hält gleich, als sie ins Büro zurückgekehrt ist, die Unterhaltung in einer Gesprächsnotiz fest.

Umgehend lässt sie sich auch einen Termin bei ihrem Dienststellenleiter geben, denn aus Sicht der Kriminalbeamtin besteht Handlungsbedarf. Dringender Handlungsbedarf. So manches deutet darauf hin, dass Lutz Seifert nicht nur Christa S. entführt, sondern auch mit dem Verschwinden der anderen beiden Frauen zu tun hat. Wer weiß denn, wie lange er überhaupt noch sitzen muss? Der Prozess hat sich immer mehr zu seinen Gunsten entwickelt.

Doch der Leiter der Mordkommission schüttelt nur abwehrend den Kopf, als Sommer ihm ihre Erkenntnisse und Vermutungen vorträgt und darum bittet, für die Sache freigestellt zu werden, um in Ruhe weiter zu ermitteln. »Liebe Frau Sommer, wir sind hier in der Mordkommission. Wir haben es mit Tötungsdelikten zu tun. Bei Ihnen handelt es sich um Vermisstenfälle. Das ist einfach nicht unser Bier, verstehen Sie, das ist Sache der Kollegen in der Leichen- und Vermisstenstelle.«

Die Kommissarin weist darauf hin, dass die Kollegen die beiden Fälle bereits ad acta gelegt haben, es aber eben noch viele Fragen und Ungereimtheiten gebe und manches auf Lutz Seifert hindeute. Doch der Dienststellenleiter will davon nichts wissen: »Ich glaube, Sie haben sich da in etwas verrannt, verehrte Kollegin. Konzentrieren Sie sich lieber auf Ihre Arbeit in der Mordbereitschaft. Damit müssten Sie doch eigentlich ausgelastet sein.«

Wütend und enttäuscht kehrt die Kriminalbeamtin in ihr

Die Spur der Vermissten

Büro im siebten Stock des Polizeipräsidiums am Berliner Tor zurück und wendet sich notgedrungen der üblichen Routinetätigkeit zu. Aber das rätselhafte Verschwinden der beiden Frauen geistert weiter in ihrem Kopf herum. Die Erzählungen Margarete Röhls lassen ihr keine Ruhe. Sie beschließt, die alte Dame einfach mal nach Feierabend zu besuchen und sich die Vermisstenakten der beiden verschollenen Frauen außerhalb der Dienstzeit zu beschaffen. Schließlich hat sie der Siebzigjährigen ihr Wort gegeben.

10.

Die Entführung der Krankenhausangestellten stellt Lutz Seifert vor Gericht unterdessen fast wie einen Freundschaftsdienst dar. So entsteht der Eindruck, Christa S. habe ihren Lebensgefährten um ein paar Hunderttausend Mark erleichtern wollen und sich zu diesem Zweck mit dem früheren Pelzhändler verbündet. Seifert räumt ein, dass er einen schweren Fehler gemacht habe. Aber es sei eben einiges zusammengekommen in dieser Zeit – und die Sterne hätten günstig gestanden. Zumindest im Vorfeld der Entführung.

Vermeintlich offenherzig spricht der Angeklagte auch über seinen Hang zum Sadomaso-Sex. Überhaupt: »Ich bin in allen Dingen extrem. Mein Leben ist von einem übersteigerten Sexualtrieb bestimmt.«

Solche Bekundungen lassen das Gericht bei aller Skepsis nicht unbeeindruckt. An der Entführung ist zwar nicht zu rütteln, doch die Umstände stimmen die Strafkammer gnädig. Wegen erpresserischen Menschenraubs in einem »minderschweren Fall« wird Seifert darum am 25. Mai 1992 zu einer Haftstrafe von drei Jahren verurteilt. Der milde Urteilsspruch kommt nicht unerwartet. Der psychiatrische Gutachter stellt zwar fest, dass der astrologiegläubige Angeklagte den Eindruck eines gestörten Menschen mache, bescheinigt ihm aber »seelische Ausgeglichenheit« und sieht »absolut keine Gefahr für die Allgemeinheit«. Der Vorsitzende Richter folgt dieser Bewertung in seiner Urteilsbegründung:

»Bei dem depressiv und masochistisch veranlagten Angeklagten, der über eine erhebliche Umtriebigkeit verfügt, lässt sich das Merkmal der ›schweren anderen seelischen Abartigkeit‹ gemäß Paragraph 20 des Strafgesetzbuchs im Sinne eines Zusammentreffens ungünstiger

Persönlichkeitsfaktoren mit situativen Merkmalen zwar nicht verneinen, jedoch ist hierdurch mangels Zerstörung oder Erschütterung des Persönlichkeitsgefüges keine strafrechtlich relevante Verminderung der Steuerungsfähigkeit eingetreten. Die Kammer hat von der Möglichkeit der doppelten Strafmilderung Gebrauch gemacht. Bei der Bejahung des minderschweren Falles und bei der Zumessung der schuldgerechten Strafe wurde berücksichtigt, dass der Angeklagte bislang sozial eingeordnet gelebt hat und erstmals im Alter von 43 Jahren straffällig geworden ist. Nachdem seine bürgerliche Existenz und sein Selbstverständnis durch die erzwungene Aufgabe der beruflichen Tätigkeit ins Wanken geraten sind, ist es ihm nicht gelungen, beruflich wieder festen Fuß zu fassen, um den Lebensunterhalt für sich und seine Familie zu sichern. Er hat sich vielmehr in immer stärkerem Maße seiner Astrologiegläubigkeit hingegeben, die dann Auslöser dieser schweren Straftat geworden ist. Er hat kein durchgeplantes Konzept gehabt, sondern zeitweise spontan gehandelt. Die Lösegeldforderung ist von ihm nicht mit Todesdrohungen verknüpft worden. Soweit es die Lage zuließ, hat er sein Opfer gut behandelt. Er hat ein Geständnis abgelegt, das allerdings erheblich eingeschränkt war und daher auch nur in diesem Umfang mildernd berücksichtigt werden konnte.

Der Angeklagte befindet sich das erste Mal in Haft und leidet unter dem Verlust des bürgerlichen Ansehens, von dem auch seine Familie betroffen ist.«

Das milde Strafmaß von drei Jahren begründet die Strafkammer vor allem mit dem Vorleben des Angeklagten, das bisher von keinem Gesetzesbruch getrübt werde. Strafmildernd wirkt sich auch aus, dass weiter der Verdacht im Raum steht, Christa S. habe möglicherweise gemeinsame Sache mit ihrem Entführer gemacht. Der Richter weist jedenfalls ausdrücklich darauf hin, dass die Hauptbelastungszeugin offenkundig nicht alles gesagt habe, was sie wisse. Eine Unterstellung, die der Frau zusätzlich zu ihren traumatischen Erfahrungen im Kellerverlies schwer zu schaffen macht.

»Das war schon sehr hart, dass dieser Richter dem Täter mehr geglaubt hat als mir.«

Zur Verbüßung seiner Haftstrafe wird der Verurteilte in den offenen Vollzug der Justizvollzugsanstalt Glasmoor in Norderstedt verlegt. Da die vorangegangene Untersuchungshaft von knapp neun Monaten auf die Strafe angerechnet wird, kann Seifert hoffen, schon nach einem Jahr wieder frei zu sein.

11.

Für Karla Sommer begann eine Zeit fieberhafter Privatermittlungen. Wenn ihre Kollegen in der »Mordbereitschaft« am Berliner Tor ihre Sachen packten und dem Feierabend im Kreise ihrer Familien entgegensahen, startete die Freizeitsportlerin noch einmal voll durch. Sie führte vor allem ausgedehnte Gespräche mit der Mutter von Annegret Bauer, die ihr weitere Einzelheiten von dem mysteriösen Verschwinden ihrer Tochter berichtete. Wie sie damals im Oktober 1988 diesen merkwürdigen Zettel für die Putzfrau gefunden und Annegrets Stofftier Mopsi noch auf dem Nachttisch gestanden hatte. Wie sie immer neue Briefe von ihrer Tochter erhielt – in diesem merkwürdigen Stil, mit den vielen Fehlern. Wie sie sich bei ihrer verzweifelten Suche auch an Seifert gewandt habe, der Annegret ja so gut kenne. »Rufen Sie mich ruhig an«, habe der in seiner launigen Art gesagt. »Ich bin ein richtiger Witwen- und Waisentröster.«

Karla Sommer besuchte Kurt Kloeßer und seine Lebensgefährtin Christa S., sammelte Briefe und Karten der verschollenen Frauen und fand immer mehr Gemeinsamkeiten zwischen den beiden Vermisstenfällen:

Hildegard Kloeßer schreibt, dass sie ins Ausland reisen möchte und darum keinesfalls auf die »Gesuchtenliste« kommen will. Und Annegret Bauer betont, dass es ihr »peinlich« wäre, »im Beisein von Bekannten« an der Grenze festgenommen zu werden. Selbst die Zeichensetzungsfehler sind bei beiden Frauen identisch. Regelmäßig fehlt zum Beispiel das Komma vor dem erweiterten Infinitiv. Auffällig ist auch, dass bei beiden Frauen Handlungsabläufe völlig unmotiviert abgerissen sind. Hildegard Kloeßer etwa hatte gerade Blumen für eine Nachbarin gekauft, die während ihres Urlaubs auf Fuerteventura auf ihren Dackel aufgepasst hatte. Die Blumen waren liegengeblieben. Und Annegret Bauer hatte bei ihrem Arzt ein Rezept bestellt und nicht abgeholt.

Hatte Karla Sommer die Gespräche mit den Angehörigen beendet, hielt sie die Ergebnisse in Aktenvermerken fest – oft bis spät in der Nacht. Viel Zeit für ihren Mann blieb in diesem Sommer des Jahres 1992 nicht. Nur ihren Aerobic-Kurs leitete sie weiterhin. Zum Turnen, Schwimmen oder Volleyballspielen kam die Polizistin dagegen nur noch selten. Nicht nur die Feierabende, auch die Wochenenden waren angefüllt mit Erkundungen in Sachen Lutz Seifert.

»Das hatte was von einem Puzzlespiel. Es ging darum, die vielen Teile in einen sinnvollen Zusammenhang zu bringen.«

Im Zentrum der Recherchen stand die Auswertung der Vermisstenakten. Da für die Vermisstenstelle kein Handlungsbedarf mehr bestand, hielt sich deren Kooperationsbereitschaft in Grenzen. Im Falle Hildegard Kloeßers war es trotzdem nicht schwer, an die Akte zu kommen. Sie wurde wie die übrigen Vermisstenfälle in der Registratur aufbewahrt. Im Falle Annegret Bauers dagegen fand sich nichts mehr im Polizeipräsidium. Nach umständlichen Ermittlungen im Labyrinth der Hamburger Justizbehörden entdeckte Sommer die Vermisstenakte schließlich im Amtsgericht Wandsbek. Der Freund der Vermissten hatte zwischenzeitlich hier, wo das gemeinsame Haus im Grundbuch eingetragen war, eine Zivilklage eingereicht, um die 5000 Mark zurückzufordern, die er seiner Freundin geliehen hat. Denn Thomas B. war zu der Überzeugung gelangt, dass Annegret Bauer ihn wirklich verlassen hatte. Wie sonst waren die verletzenden Briefe und Karten zu erklären?

Auch die Vermisstenakte ließ diese Frage offen. Doch Karla Sommer stieß zumindest auf Ansatzpunkte für neue Ermittlungen. Von weiteren Karten der Vermissten war die Rede, noch mehr Bestellungen und Geldabbuchungen – Monate nach dem Verschwinden Annegret Bauers – wurden aufgelistet, vor allem aber war der Akte der Vermerk eines Kollegen aus dem Polizeipräsidium angefügt. »Hiermit möchte ich darauf hinweisen, dass Annegret Bauer meines Wissens ihren Lebensbereich in Hamburg aus freien Stücken verlassen hat«, hieß es in dem Vermerk. »Sie hat sich entschieden, mit einem neuen Partner zusammenzuleben. Es ist darum meines Erachtens nicht Aufgabe der Polizei, nach ihr zu fahnden.«

Als vermeintliches Beweisstück war ein Brief in der Handschrift Annegret Bauers angefügt – wie die übrigen Briefe dieser Art überschrieben mit der Personalausweisnummer der Vermissten.

Eingeleitet war das Schreiben mit einer allgemein an die Polizei gerichteten Mitteilung im Amtsdeutsch:

»Betr.: Vermisstenanzeige
Ich möchte hiermit klarstellen, dass ich, Annegret Bauer nicht vermisst bin.«

Wie kann man klarstellen, dass man nicht vermisst ist? Das klang so schief, als sei die Schreiberin der deutschen Sprache nicht mächtig, fast absurd. Es folgte ein in privatem Ton gehaltener Brief an den Kriminalbeamten, der offenkundig mit der Vermissten persönlich bekannt war.

»Lieber Uwe,
ich habe von dem ganzen Ausmaß, den meine Mutter angerichtet hat, gehört. Mein Bruder wurde von mir gebeten, auf unsere Mutter aufzupassen, aber er kann sie wohl auch nicht bremsen. Seit dem Tode meines Vaters bin ich ihr ein und alles.
Da ich meine Entscheidung allein treffen möchte, ohne Familienrat, und ohne das wenn und aber. Deshalb der plötzliche Abbruch. Kannst du mir helfen?? (Bitte)
Wenn du es nicht kannst, wäre es das Ende meiner neuen Beziehung. Bitte versetze dich in meine Lage, wie peinlich und entwürdigend es wäre, an der Grenze neben meinem neuen Bekannten festgenommen zu werden ...«

Karla Sommer hatte bereits aus den Gesprächen mit Annegret Bauers Mutter und Ex-Mann Jochen B. von dem Kriminalbeamten erfahren, der Lutz Seifert aus dem Schwimmverein kannte und auch mit der Vermissten befreundet war. Der Kollege hatte den beiden demnach den dringenden, »gut gemeinten« Rat gegeben, sich damit abzufinden, dass Annegret freiwillig gegangen sei. Die Polizei könne da gar nichts machen, habe der Kriminalbeamte gesagt, ohne selbst für Vermisstensachen zuständig zu sein. Dabei habe er sich nicht nur auf Annegrets Brief berufen, sondern auch auf ein persönliches Gespräch mit Seifert, der ihn in sein Haus in Hamburg-Rahlstedt eingeladen habe. Seifert hatte dem Freund offenkundig von einem Treffen mit Annegret berichtet und ihm eingeschärft, dass diese nichts weiter wünsche als ihre Ruhe – fernab ihrer Familie und ihres Partners.

Damit war der Fall für den Kriminalbeamten buchstäblich erledigt gewesen, wie es scheint. Was die Angehörigen zu sagen hatten, interessierte den Mann offenkundig nicht. Die berichteten, der Polizist habe sie nicht angehört, sondern nur »abgebürstet«.

Karla Sommer war empört über den »Freundschaftsdienst« des Kollegen – und sie erinnerte sich, dass auch im Falle Hildegard Kloeßers ein Brief der Vermissten bei der Polizei eingegangen war. Mit fast gleichlautendem Inhalt. Es gab weitere Übereinstimmungen: Beide Frauen hatten zum Beispiel bei der Flucht aus ihrem bisherigen Leben keine Unterwäsche mitgenommen, dafür aber etliche Haushaltsgegenstände. Beide hatten an ihre Angehörigen Briefe und Karten in fehlerhaftem Deutsch geschrieben. Und vor allem: Beide kannten Seifert!

Ausgehend von den Vermisstenakten befragte Karla Sommer weitere Personen aus dem Umfeld der Verschollenen: den Lebensgefährten Annegret Bauers, Arbeitskollegen, ihren Bruder, Familienangehörige und Freundinnen Hildegard Kloeßers. Immer unwahrscheinlicher erschien es ihr nach den Vernehmungen, dass die fast gleichlautenden Botschaften wirklich von den Frauen stammten. Aber es war mit Sicherheit ihre Handschrift. Auch die Schriftsachverständigen im Landeskriminalamt (LKA) bestätigten dies. Rechtschreibung, Satzbau und Stil dagegen passten nicht zu den verschollenen Frauen.

Für die Textanalyse empfahlen die LKA-Experten den renommierten Sprachwissenschaftler Theo Bungarten von der Universität Hamburg. So schickte die Kriminalbeamtin die Briefe und Karten dem Germanistikprofessor. Doch die Auswertung zog sich hin.

Unterdessen ging die Doppelbelastung weiter, und die drei Kollegen in der Mordbereitschaft ermutigten Karla Sommer nicht gerade bei ihren Privatermittlungen. Die

Hauptkommissarin spürte, dass ihr Alleingang auf Ablehnung stieß. Als sie trotzdem einmal den Versuch unternahm, den Kollegen die brisante Gemengelage zu erläutern, entgegnete einer mit mildem Lächeln: »Du solltest dich da nicht so reinsteigern, Karla. Das wird sich alles schon noch auflösen.«

Karla Sommer entging nicht, dass hinter ihrem Rücken auch weniger freundliche Bemerkungen ausgetauscht wurden. Prägend für das Klima war, dass der Chef der Mordkommission den Alleingang seiner widerspenstigen Mitarbeiterin bekanntermaßen missbilligte.

Der atmosphärische Gegenwind erhöhte den Stress der Doppelbelastung zusätzlich. Da geschah es nicht selten, dass Karla Sommer überreizt in ihr Reihenhaus in Volksdorf zurückkehrte und die Ereignisse des Tages ihr den Schlaf raubten.

»Diese Zeit war für mich und meinen Mann nicht leicht. Das war ja schon sehr anstrengend, immer von den Kollegen angemacht zu werden. Andererseits hat mich meine Arbeit aber auch erfüllt. Dieses Puzzle, das damit verbundene logische Denken – das war schon ein Traumjob für mich. Und das Besondere in diesem Fall war ja, dass es einen Tatverdächtigen gab, einen Mann, dem ich die Tat nachweisen musste. Auch das hat mich motiviert. Ich war mir einfach zu hundertzwanzig Prozent sicher, dass ich richtig lag – mochten die Kollegen noch so lästern.«

Schließlich wurde ein junger Kollege in die »Mordbereitschaft« versetzt, der nicht lästerte, sondern Interesse zeigte: Andreas Lohmeyer, der 1981 im Alter von zwanzig Jahren in den Polizeidienst eingetreten war, nach einigen Jahren in Uniform mit Streifenwagen- und Hafenstraßen-Einsätzen die Fachhochschule besucht, erste Erfahrungen bei der

Kripo gesammelt und ein halbes Jahr lang in Schwerin bei der Aufarbeitung der Stasi-Vergangenheit mitgewirkt hatte. Und Lohmeyer fing sofort Feuer:

»Ich fand den Fall total faszinierend, ich habe die Akten regelrecht verschlungen. Mein kriminalistisches Gespür sagte mir: Da stimmt was nicht.«

Auch Lohmeyer musste erfahren, dass die »Altgedienten« in der Abteilung die nebulösen Fälle mit aller Macht abwehrten: unbedeutende Fälle für die nicht sehr hoch im Kurs stehende Vermisstenstelle eben. Nichts für echte Mordprofis! Gleichwohl unterstützte Lohmeyer die Kollegin.

»Wir haben uns gegenseitig motiviert, Karla und ich.«

Mit vereinten Kräften unternahmen die beiden daraufhin den Versuch, beim Raubdezernat, das auch für Entführungen zuständig war, ganz offiziell Nachermittlungen zu beantragen. Doch die Kollegen erteilten ihnen eine Abfuhr: Alles schon durch, lautete die Antwort. Der Entführungsfall sei längst abgeschlossen. Was diese Christa S. da erzähle, sei doch nur wirres Zeug.

Die Kollegen in der Mordermittlung fühlten sich bestätigt: Haben wir's nicht gesagt?! Lohmeyer, der heute den Rang eines Kriminaldirektors im Hamburger Landeskriminalamt bekleidet, im Rückblick:

»Wir haben von keiner Seite Rückenwind verspürt. Immer nur Gegenwind.«

Dennoch setzte Karla Sommer – unterstützt durch ihren Kollegen – ihre eigenmächtigen Ermittlungen fort.

»Die Angehörigen der Vermissten hatten einfach ein Recht darauf, endlich zu erfahren, was mit den Frauen wirklich geschehen war. Diese Ungewissheit war für sie unerträglich. Immer, wenn zum Beispiel die Mutter von Annegret Bauer einen weißen Golf gesehen hat, hat sie gedacht, dass ihre Tochter darin sitzen könnte. Das ist auf die Dauer doch total zermürbend.«

Ein weiteres Puzzleteil brachte Bewegung in die Ermittlungen. Hans-Uwe V., der frühere Dekorateur Kloeßers, rief bei Karla Sommer an. Der Mann hatte von Kloeßer erfahren, dass die Hauptkommissarin auf eigene Faust gegen Seifert ermittelte. Dadurch hatte sich der Dekorateur an ein Gespräch mit Seifert erinnert, für den er auch schon Schaufenster gestaltet hatte. Als Hans-Uwe V. dem früheren Auftraggeber erzählte, dass er Kloeßer bei der Suche nach seiner vermissten Frau nach Teneriffa begleiten werde, habe Seifert nach den Erinnerungen des Dekorateurs erwidert: »Da könnt ihr lange suchen. Damit verplempert ihr bloß eure Zeit. Die findet ihr nie.«

»Warum bist Du Dir denn so sicher?«, habe er nachgefragt. Daraufhin habe Seifert nur die Achseln gezuckt und still in sich hinein gelächelt. Ein anderes Mal habe der Pelzhändler ihm anvertraut: »Ich habe da eine Frau kennengelernt, die braucht Schläge.«

Karla Sommer beschränkte ihre Recherchen nicht auf Hamburg. Sie bezog auch die Ferienhaussiedlung in Basedow bei Lauenburg mit ein, wo Seifert bekanntlich seit Jahren ein Wochenendhaus besaß. Sie ging von Haus zu Haus mit den Fotos der Verschollenen und fragte, ob jemand die vermissten Frauen gesehen habe. Die Befragten schüttelten bedauernd den Kopf, erinnerten sich aber plötzlich auch an Seiferts düstere Seiten. Einerseits kannte man ihn als Stimmungskanone und Sprücheklopfer, als hilfsbereiten, patenten Nachbarn und guten Vater, andererseits ließ er aber auch durchblicken, dass er auf Quälen und Fesselspiele stehe. »Da haben wir uns schon ein bisschen erschrocken.«

Als ihre Materialsammlung auf fast 400 Seiten angewachsen war, entschloss sich Karla Sommer Ende August 1992 die Staatsanwaltschaft einzuschalten, um einen Durchsuchungsbeschluss zu erwirken. Mochte der Dienstvorgesetzte sagen, was er wollte.

Gleich zwei Staatsanwälte saßen ihr gegenüber. Der ältere der beiden runzelte skeptisch die Stirn, doch der jüngere zeigte sich offen und nahm den prall gefüllten Aktenordner dankend entgegen. Beeindruckt von der Lektüre beantragte der Staatsanwalt schon zwei Tage später beim Landgericht den gewünschten Durchsuchungsbeschluss. Mit Erfolg.

Endlich erfuhr die Kriminalbeamtin von höherer Stelle ausdrückliche Anerkennung. »Das ist ja wirklich eine interessante Sache«, teilte ihr der zuständige Richter mit. »Da halten Sie mich mal auf dem Laufenden.«

12.

Am 15. September 1992 steuern Fahnder der Hamburger Polizei zeitgleich Seiferts Reihenhaus im Dompfaffenweg in Hamburg-Rahlstedt und sein Wochenendhaus am Lanzer See an – ausgestattet mit Durchsuchungsbeschlüssen. Auch Seiferts Zelle in der Justizvollzugsanstalt Glasmoor wird gefilzt.

Karla Sommer erhält den Auftrag, die Durchsuchung des Anwesens am Dompfaffenweg selbst zu leiten. Aus ihren Ermittlungen ist ihr das Haus mit den ober- und unterirdischen Nebengebäuden bereits bekannt.

Es lohnt sich. Die Polizisten finden etliche Wertgegenstände, die weder Lutz Seifert noch seiner Frau gehören. Als Volltreffer erweist es sich, als der beteiligte Kriminalbeamte Jens-Uwe Asmußen die Schaulustigen anspricht, die sich vor der Absperrung versammelt haben. Ein Mann weist darauf hin, dass Seifert einige Straßen entfernt noch eine zweite Garage angemietet habe. »Da sollten Sie auch mal reinrucken.«

Das lassen sich die Ermittlungsbeamten nicht zweimal sagen. Und die genannte Garage birgt tatsächlich einiges, was den Tatverdacht gegen Seifert erhärtet – unter anderem zahlreiche Schmuckstücke, von denen einige auf die vermissten Frauen hindeuten. Die Angehörigen werden daraufhin ins Polizeipräsidium gebeten, um die beschlagnahmten Fundstücke zu identifizieren. So manche Träne fließt, als die Herbeigerufenen Ringe oder Ketten entdecken, mit denen sich Erinnerungen an berührende Augenblicke verbinden.

Auf Grund von sichergestellten Notizen stoßen die Kriminalbeamten auf Schließfächer, in denen Seifert weitere Schmuckstücke und Wertgegenstände verwahrt hat – sowohl von Hildegard Kloeßer und Annegret Bauer als auch von bislang unbekannten Frauen. Darüber hinaus stellen die Fahnder im Lager einer Spedition zahlreiche Haushaltsgegenstände sicher, die Seifert während eines Hafturlaubs zusammengetragen hat. Einiges davon stammt aus dem Besitz von Hildegard Kloeßer und Annegret Bauer. Der Kürschner hat offenbar geplant, die Einrichtungsgegenstände nach Costa Rica verschiffen zu lassen – und seinen Hafturlaub auch genutzt, um seine eigene Reise nach Mittelamerika vorzubereiten. Die Tickets sind bereits ausgestellt. Schon in einer Woche – während eines genehmigten Hafturlaubs – sollte die Reise in ein neues Leben beginnen.

II Soko 924

1.

Noch am Tag der Durchsuchungsaktion fährt Kriminaloberkommissar Andreas Lohmeyer mit seinem Kollegen Josef Tielsch zur Justizvollzugsanstalt Glasmoor in Norderstedt, um Lutz Seifert zu einer Vernehmung abzuholen.

Der offene Vollzug gewährt den Gefangenen von Glasmoor begrenzte Freiheiten, um sie in einem gestuften System auf ein Leben außerhalb der JVA vorzubereiten. Von sechs bis 22 Uhr dürfen zum Beispiel alle ihre Zellen verlassen – innerhalb oder auch außerhalb der Anstalt arbeiten, die Schulbank drücken, sportlichen Aktivitäten nachgehen, sich von Angehörigen besuchen lassen, mit Mitgefangenen kochen, Tee trinken oder plaudern, Karten spielen oder im Fernsehraum sitzen. Lutz Seifert nutzt den offenen Vollzug für zahlreiche Freigänge. In der JVA leistet er den Justizbediensteten Hilfsdienste als Kalfaktor – sortiert und verteilt Briefe, fährt mit einem Rollwagen das Essen aus, wischt die Flure. Auf diese Weise hat er vielfältige Kontakte und weiß, was so läuft.

Somit erwartet er die beiden Kriminalbeamten denn auch schon, obwohl er offiziell über den geplanten Besuch gar nicht informiert worden ist.

»Ich wusste, dass ihr kommt. Vermisstenstelle oder Mordkommission?« Seifert begrüßt die Kriminalbeamten wie alte Freunde, frotzelt mit ihnen über den Knast, die Frauen und das Wetter, lässt sich bereitwillig Handschellen anlegen und zum Polizeipräsidium nach Hamburg chauffieren. Von Unsicherheit oder gar Angst keine Spur. Lohmeyer:

»Er hatte diese kumpelhafte Masche drauf. Er konnte sehr lebendig erzählen – immer auf diese joviale Tour.«

Kriminaloberkommissar Tielsch übernimmt schon während der Fahrt den Part des »good cop« und geht auf den Plauderton des Gefangenen ein, indem er mit Seifert über das Leben in Costa Rica spricht und vor allem die Schatzsuche in dem Urlaubsparadies in den Mittelpunkt der Aufwärmunterhaltung rückt. Dabei lässt der Kürschner durchblicken, dass er gute Verbindungen zu einem hohen Beamten im Innenministerium des zentralamerikanischen Staates unterhält. Für die beiden Polizisten ein deutlicher Hinweis, dass es mit der Rechtshilfe in Costa Rica Probleme geben könnte.

Die anschließende Vernehmung wird sich über neun Stunden erstrecken. Seifert erhält die Möglichkeit, Pausen einzulegen, macht davon aber keinen Gebrauch. Der frühere Pelzhändler verzichtet auch darauf, einen Anwalt zuzuziehen. »Wozu? Ich brauch keinen Verteidiger. Ich bin unschuldig.«

Doch Seifert versucht, die Bedingungen zu diktieren, besteht darauf, dass nichts aufgezeichnet wird. Weder auf Tonband noch in Form von Notizen. Er zieht sogar die Tischschublade auf, um zu kontrollieren, ob die Kripo-Leute nicht vielleicht doch irgend so einen Kassettenrekorder mitlaufen lassen. Ein förmliches Vernehmungsprotokoll, das der Beschuldigte am Ende üblicherweise unterzeichnet, kommt so nicht zustande.

Aber immerhin spricht Seifert – und zwar ohne Punkt und Komma. Er beantwortet jede Frage selbstbewusst und ausschweifend, hat für alles eine Erklärung, mag sie auch noch so abenteuerlich und nebulös klingen. Wie schon im Gerichtssaal steht der massige Körper des Kürschnermeisters in Gegensatz zu der oft piepsig klingenden Stimme. Als Seifert mit den Fundstücken der Durchsuchung konfrontiert wird, räumt er sofort ein, dass Annegret Bauer bei ihm war. Aber selbstverständlich aus freien Stücken – und eben auch bereit zu sadomasochistischen Sexspielen, womit auch die Fesseln und grausam anmutenden Polaroidfotos erklärt sind, von denen Christa S. gesprochen hatte.

Als er auf Hildegard Kloeßer, die Frau seines einstigen Chefs, angesprochen wird, entgegnet er: »Ich fang doch nichts mit älteren Damen an.«

Die Vernehmungsbeamten werden zwischendurch immer wieder über neue Ergebnisse der Durchsuchungsaktionen informiert, so dass sie Seifert gleich darauf ansprechen können. Was zum Beispiel hat es mit den Salzsäurefässern auf sich, die sich auf dem Grundstück in Rahlstedt fanden? Auch diese Frage beantwortet der Tatverdächtige mit einer ziemlich abwegigen, aber in sich schlüssigen Geschichte. Damit habe er die Klinkermauer seines Reihenhauses reinigen wollen, sagt er. Gut geeignet für Kalkablagerungen. »Mein Gott, das Zeug kriegen Sie doch in fast jedem Baumarkt. Da ist nichts Besonderes dabei, das können Sie vergessen.«

Immer versteht es Seifert, seinen Schilderungen den Anschein von Plausibilität und Überzeugungskraft zu geben. Unter anderem führt er wieder ins Feld, die südamerikanische Drogenmafia habe ihn unter Druck gesetzt. Aber es bleibt bei geheimnisvollen Andeutungen.

Besonders ausgiebig spricht er über sein Lieblingsthema: die Astrologie. Er erläutert den beiden Polizisten detailliert, was die Sterne über das Leben eines Menschen aussagen, welche Sternkonstellationen günstig und welche besorgniserregend sind. Seine eigene Zukunft jedenfalls mache ihm keine Angst, sagt er. Spätestens 1997 sei er wieder frei.

Woher er die Gewissheit nehme? »Ich sehe Licht am Horizont.« Das sei ein sicheres Zeichen, dass er aus seinem tiefen, schwarzen Loch wieder herauskomme. Lohmeyer erinnert sich:

»Diese extreme Astrologiegläubigkeit war schon beeindruckend. Das war eines der schrägeren Erlebnisse in meinem Leben. Er hat alles abgestritten. Das war ein echter Dampfplauderer. Der hat so wahnsinnig viel geredet, dass man gar nicht hinterherkam. Der hatte für alles eine pseudoplausible Erklärung und eine ausgeprägte Fantasie. Es hatte den Anschein, dass er in einer fantastischen Vorstellungswelt lebte, die für ihn aber offenbar real war.«

Schließlich gelingt es den Vernehmungsbeamten doch noch, Seifert aus dem Konzept zu bringen. Als sie ihm mitteilen, dass bei der Durchsuchung seines Wochenendhauses in Basedow soeben im Keller der Weltempfänger Annegret Bauers sichergestellt worden sei, verschlägt es dem Befragten buchstäblich die Sprache: Seifert bekommt einen Asthmaanfall, hustet, röchelt und benötigt ein Spray, um weitersprechen zu können. Aus Sicht Lohmeyers sagte diese körperliche Reaktion mehr aus als tausend Worte:

»Er hat zwar auch danach weiter alles abgestritten. Aber mit dieser Spontanreaktion hatte sein Körper ihn entlarvt.«

2.

Nach den Durchsuchungen ist es keine Frage mehr, dass Ermittlungsbedarf besteht. Die Staatsanwaltschaft veranlasst unverzüglich die Einrichtung einer Sonderkommission. Der Leiter der Mordkommission macht Bedenken geltend, weist darauf hin, dass das »Tagesgeschäft« auf der Strecke bleibe, doch die Staatsanwaltschaft bleibt hart. Die komplette »Mordbereitschaft«, in der Karla Sommer bisher tätig war, wird zur »Soko 924« umfunktioniert – die vierte Sonderkommission der Hamburger Polizei im Jahre 1992. Jens-Uwe Asmußen, der bisherige Leiter der »Mordbereitschaft«, wird Soko-Chef und koordiniert fortan die Arbeit von vier Kriminalbeamten und einem Praktikanten – darunter Karla Sommer und ihre Kollegen Andreas Lohmeyer und Josef Tielsch.

Die Kriminalbeamten ziehen damit von der siebten Etage des Polizeipräsidiums am Berliner Tor in die zwanzigste Etage des Hochhauses um. Von ihrem Fenster aus können sie die Hamburger Innenstadt sowie die Binnen- und Außenalster überblicken, wenn nicht gerade eine Wolke die Fernsicht trübt.

Interessanter als der Blick aus dem Fenster ist für die Soko-Mitarbeiter aber die große Pinnwand auf der Rückseite ihres Raumes. Eine Art Autokennzeichen hängt über den Notizen und Fotos: SO – KO 924. Die aufgesteckten Pappkärtchen darunter stehen für die Beteiligten des komplexen Kriminalfalls – verbunden durch verschiedenfarbig dargestellte Querbeziehungen.

Zu jeder Person wird eine Spurenakte angelegt. Die Soko-Mitarbeiter teilen sich die Vernehmungen auf – je nach Naturell und Vorerfahrungen. Auf der einen Seite stehen die Angehörigen der Opfer, auf der anderen Seite Menschen aus dem Umfeld des Tatverdächtigen. Aber klar zu ziehen sind die Grenzen nicht: Die Sozialbeziehungen sind ineinander verwoben. Lutz Seifert stand seinen Opfern eben nahe.

Zu den bestehenden Ermittlungsansätzen kommen die Hinweise aus der Bevölkerung, die nach einem Presseaufruf täglich eingehen und geprüft werden müssen.

Jeden Morgen um acht Uhr findet eine Lagebesprechung statt. Dann wird zusammengetragen, was sich neu ergeben hat und entschieden, wer welche Aufgabe übernehmen soll.

Karla Sommer überlässt die praktische Ermittlungsarbeit weitgehend ihren Kollegen und konzentriert sich vor allem auf die Analyse und Führung der Akten. Sie hat damit Überblick über alle Vorgänge und kann neue Erkenntnisse sofort in den Gesamtzusammenhang einordnen.

»Ich wusste über alles Bescheid. Ich hatte ja schon bei der Soko zur ›Leichenmafia‹ gelernt, wie man so ein großes Verfahren führt.«

Gleichzeitig hält die Kommissarin weiter Kontakt zu Kurt Kloeßer, Christa S. und der Mutter von Annegret Bauer – Menschen, die ihr Dinge anvertrauen, über die sie mit fremden Kriminalbeamten nicht so ohne weiteres reden würden.

3.

Neue Kontaktpersonen und potenzielle Zeugen rücken ins Visier der Fahnder. Bei den Durchsuchungen hat sich unter anderem die Kopie eines Personalausweises von Mercedes R. gefunden, einer gebürtigen Chilenin, die mit einem Rendsburger verheiratet ist.

Als Kriminalhauptkommissar Tielsch die Nummer der Frau wählt, ist er fast ein bisschen überrascht, dass er sie gleich am Apparat hat. »Schön, dass Sie selbst am Telefon sind«, begrüßt er sie überschwänglich. »Wir haben gedacht, Sie sind schon tot.«

Die Angerufene ist zwar zuerst etwas perplex, kann dann aber doch über den makabren Scherz lachen und ist bereit, zu einer Vernehmung nach Hamburg zu kommen. Dabei stellt sich heraus, dass Seifert die Frau in einem Volkshochschulkurs kennen gelernt und später bei ihr privat Spanischunterricht genommen hat. Mercedes R. macht kein Hehl daraus, dass der Kürschnermeister für sie bald mehr war als einfach nur ein Schüler. Sie überließ ihm die Vollmacht für ein Bankkonto, das sie eigens für ihn eröffnete, und mietete bei der Commerzbank in Wandsbek ein Schließfach für den unterhaltsamen Geschichtenerzähler. 1988 reiste Mercedes R. sogar mit Seifert in ihr Heimatland Chile – und beide träumten von einem gemeinsamen Neuanfang irgendwo in Südamerika.

Doch der Traum ist für Mercedes R. längst ausgeträumt. Die Chilenin hat durchschaut, dass Seifert sie nur benutzen wollte.

4.

Die Ermittler stoßen noch auf eine weitere Frau, die in einer engen Beziehung zum Tatverdächtigen stand: Birgit J. Seifert lernte die Frau aus Eltville während einer Kur in Bad Salzuflen kennen. »Ich war fasziniert von seinen Augen«, wird die 52 Jahre alte Frau mit den langen braunen Haaren und dem südländischen Teint später vor Gericht sagen. Schnell stellt sich heraus, dass Seifert plante, mit der wohlhabenden Dame nach Costa Rica überzusiedeln. Die Reise in ein neues Leben stand offenbar unmittelbar bevor. Birgit J. hatte schon die Flugtickets besorgt.

Als sie hört, was die Kriminalbeamten ihrem Freund vorhalten, ist sie empört. Sie vertraut Seifert, hat ihm auch die Treue gehalten, nachdem er wegen der Entführung verhaftet und verurteilt worden ist. In vielen Briefen hat er ihr erklärt, dass er eigentlich unschuldig sei, Christa S. nur dabei unterstützen wollte, ihren reichen Lebensgefährten um ein paar Hunderttausend Mark zu erleichtern. Das alles klingt doch vollkommen einleuchtend!

Und die Handschellen? Die Fotos von der gequälten Frau?

Ach was! Das habe diese Dame, diese Christa S., alles falsch verstanden. Das Fesseln sei doch nur ein Spiel gewesen. Sie kenne ja Seiferts Vorliebe für Sadomaso-Praktiken. Nein, dieser Mann habe eine »hypnotische Macht« auf Frauen ausgeübt, sagt die Befragte mit verklärtem Ausdruck. Das habe sie schließlich am eigenen Leibe erfahren.

Dass Seifert noch verheiratet ist, spielt für die Freundin keine entscheidende Rolle. Reine Formsache sei das. Birgit J. weiß, dass es mit der Ehe ihres Freundes schon lange nicht mehr weit her ist. Und tatsächlich hat ja dessen Frau bereits die Scheidung eingereicht. Es könne sich nur noch um wenige Wochen handeln, bis das Eheband auch offiziell zerschnitten sei.

Und dann sollte in Mittelamerika ein neues Leben beginnen. Birgit J. hatte schon ihr Haus im Rheinland verkauft, um ausreichend Startkapital beizusteuern. Immer wieder hatte Lutz ihr erzählt, wie traumhaft schön es in Costa Rica war, hatte ihr Fotos von seinen Reisen gezeigt: von den hohen Bergen, den erloschenen Vulkanen, vom tropischen Nebelwald, von der Pazifikküste, von der Karibik, vom Tauchen, von der Schatzsuche an der Küste, wo Piraten irgendwann einmal eine Menge Gold vergraben haben sollten.

Und das Schöne war, dass man dort nicht bei Null anfangen musste: »In der Nähe von San José wartet ein wunderbares Haus auf uns«, hatte Seifert seiner Freundin gesagt. »Meine Villa wird dir gefallen, da bin ich sicher.«

Brigitte J. konnte sich selbst ein Bild von dem Traumhaus machen. Im Dezember 1990 begleitete sie Lutz Seifert nach Costa Rica, quartierte sich aber mit ihrem Begleiter nicht in dessen Haus ein, sondern im Hotel Conquistador.

Nun ist es Aufgabe der Sonderkommission, alle diese Angaben zu überprüfen. Das ist aus der Entfernung nicht so leicht, aber manches klärt sich doch recht schnell. Tatsächlich besitzt Seifert in Costa Rica nicht nur ein Haus, er hat zudem 30 000 Dollar in eine Minengesellschaft und weiteres Geld in ein anderes Unternehmen des Landes investiert. Manches deutet auch darauf hin, dass er zudem in allerlei windige Geschäfte verstrickt ist. Gerüchten zufolge plante er zum Beispiel, mit Fellen geschützter Tiere wie dem Ozelot zu handeln. Nachweislich hat er bereits einen in Hamburg gekauften Jeep nach Costa Rica verschiffen lassen – mit eingebautem Safe.

Irgendwann soll er sogar an einer Schießerei in dem

fernen Land beteiligt gewesen sein. Die Rede ist auch von Voodoo-Orgien, grausamen Kulten. Eine Prostituierte soll dabei getötet worden sein. Und bei den Erzählungen handelt es sich offenkundig nicht nur um haltlose Gerüchte: Eine Frau aus dem Umfeld Seiferts wird auf jeden Fall auch in Costa Rica vermisst.

Es gibt allerdings nur vage Hinweise, dass die Prostituierte dem Kürschnermeister aus Hamburg zum Opfer gefallen sein könnte. Doch für Andreas Lohmeyer ist die Vermutung nicht völlig aus der Luft gegriffen:

»Das würde durchaus zu der Welt dieses Mannes passen. Man muss sich die Frage stellen: Wie verhält sich jemand, der in Deutschland, auf vergleichsweise engem Raum so hochkomplexe Taten begehen kann, in einem Land wie Costa Rica, wo er außerhalb sozialer Kontrolle unterwegs ist?«

Sofort bringt Karla Sommer ein Rechtshilfeersuchen auf den Weg, um weitere Erkenntnisse über Seiferts Aktivitäten in Mittelamerika zu gewinnen. Gemeinsam mit einem Kollegen plant sie, in das mittelamerikanische Land zu fliegen, um Seiferts Haus zu durchsuchen und Nachbarn und Bekannte zu befragen. Nachdem die Staatsanwaltschaft ihren Segen gegeben hat, unterstützen auch das Auswärtige Amt und das Bundesjustizministerium das Ersuchen. Doch die Regierung in Costa Rica lässt sich mit der Antwort Zeit. Und dann erteilt sie den Deutschen eine Abfuhr und teilt mit, sie werde eigene Polizeikräfte einsetzen, um den Fall zu klären.

Leichen finden die örtlichen Fahnder erwartungsgemäß nicht. Immerhin entdecken sie in einem Schließfach Seiferts eine Pistole. Im Übrigen fallen die Ermittlungsergebnisse eher dünn aus. Hat der frühere Pelzhändler vielleicht doch

Kontakte zur Justiz Costa Ricas, die tiefergehende Erkundungen verhindern?

Unterdessen stoßen die Kriminalbeamten in Hamburg auf eine Information, die Seiferts Pläne von einem neuen Leben in Mittelamerika in einem neuen Licht erscheinen lassen: Der schillernde Abenteurer hat offenbar seinem Freund Klaus H. in einer schwachen Stunde anvertraut, dass er seine reiche Freundin umbringen wolle, wenn es ihm erst gelungen sei, sie mit ihrem Geld nach Costa Rica zu locken. Das Ganze sollte nach Selbstmord aussehen, wie es sich jetzt darstellt. Und da die Freundin schon einmal einen Suizidversuch unternommen hatte, wäre vermutlich niemand auf die Idee gekommen, dass diesmal alles nur vorgetäuscht war – und in Wirklichkeit Mord gewesen wäre.

Lutz Seifert weist auch diese Behauptung zurück. Lächerliches Geschwätz! Allenfalls habe es sich um einen makabren Scherz gehandelt. Was man eben so im Suff rede! Nicht ernst zu nehmen. Natürlich nicht! Blödsinn! Und Birgit J. glaubt nicht der Polizei, sondern vertraut weiter ihrem Freund.

Somit steht wieder einmal Aussage gegen Aussage. Doch zum Glück für die Fahnder gibt es auch objektive Beweise, unwiderlegbare Zeugenaussagen. Einen entscheidenden Schub hat die Ermittlungsarbeit schon im Vorfeld durch Erkenntnisse über den weißen Golf bekommen, der mit Annegret Bauer verschwunden ist. So manche Frage hat sich mit diesem Auto verbunden: Ist die junge Frau damit in ein neues Leben gestartet, wie Seifert behauptet? Befindet sich das Auto irgendwo im Ausland?

In kriminalistischer Kleinarbeit ermittelt Andreas Lohmeyer die Fahrzeugdaten und lässt sich über das Kraftfahrtbundesamt die Namen der letzten Fahrzeughalter nennen. Dabei stellt sich heraus, dass das Auto seit dem Verschwinden Annegret Bauers mehrmals den Besitzer gewechselt hat. Alle Halter werden daraufhin gefragt, wann, wo und von wem sie das Auto gekauft haben. Und bei einem der Befragten lautet die Antwort: in einem Pelzgeschäft in Hamburg-Wandsbek.

Lohmeyer lässt umgehend eine Wahllichtbildvorlage mit den Fotos von neun ähnlich aussehenden Männern anfertigen. Darunter ist auch ein Bild Seiferts. Als der Autokäufer, den er abends zusammen mit Karla Sommer in dessen Haus aufsucht, die Porträtaufnahmen vorgelegt bekommt, zögert er nicht lange.

Lohmeyer:

»Der Finger flog sofort auf Lutz Seifert.«

Seifert bestreitet zwar energisch, den Golf verkauft zu haben, kann aber die Zeugenaussage nicht entkräften. Der neue Puzzlestein führt dazu, dass sich der dringende Tatverdacht erhärtet. Am 21. September 1992 erwirkt die Staatsanwaltschaft schließlich einen neuen Haftbefehl gegen den Beschuldigten. Diesmal geht es um Mord. Dabei gibt es bislang noch gar keine Leiche – ein bisher einmaliger Fall in der Hamburger Kriminalgeschichte. Doch immer mehr deutet darauf hin, dass Seifert Annegret Bauer entführt und getötet hat – auch, um sich an ihr zu bereichern. Nach und nach tauchen Schecks auf, die die junge Frau nach ihrem Verschwinden unterschrieben hat: Blankoschecks, die irgendwann von einem Unbekannten eingelöst worden sind.

5.

Auf ein Bankkonto, das ein Freund für Lutz Seifert eingerichtet hat, sind schon vor einigen Jahren 20 000 Mark eingezahlt worden. Vieles spricht dafür, dass es sich dabei um das Geld handelt, das einst hinter dem Spiegelschrank Kloeßers versteckt war und mit der Frau des Pelzhändlers verschwunden ist.

Besonders aufschlussreich ist, was die Kriminalbeamten in dem Schließfach 237 entdecken, das Seifert mit Hilfe seiner Spanischlehrerin bei der Commerzbank in Wandsbek gemietet hat: Krügerrand-Goldmünzen, Tonbandkassetten, ein »Merkblatt für Auswanderer« – und einen Ehering mit der Gravur »K. K.«. Kürschnermeister Kurt Kloeßer hat keine Schwierigkeiten, den Ring als Ehering seiner Frau Hilde zu identifizieren.

Immer neue Schließfächer werden entdeckt – Depots, in denen Seifert vor allem Schmuckstücke aufbewahrt hat: Ketten, Armbänder, Broschen, Ringe mit Smaragden, Achaten und Turmalinen. Einige der Pretiosen gehören den beiden vermissten Frauen, bei anderen Schmuckstücken ist die Herkunft unbekannt. Dies gilt auch für drei Armbanduhren, darunter eine goldene Uhr der Marke »Debra«.

Sogar Zahngold wird sichergestellt. Wer es einmal im Mund getragen hat, lässt sich nicht sagen.

Bei einer Pressekonferenz präsentiert die Polizei die Wertsachen der Öffentlichkeit und ruft die Besitzer der noch nicht identifizierten Schmuckstücke auf, sich umgehend zu melden. Nach wenigen Tagen schon geht bei der Soko der Anruf eines Hamburger Rentners ein, der den Winter in Spanien verbringt und im *Hamburger Abendblatt* gelesen hat, dass unter den Fundstücken ein Ring mit dem eingravierten Namen »Wilma« war.

»Das muss der Ehering meiner früheren Frau sein«, sagt der Mann, der sich als ehemaliger Nachbar Seiferts zu erkennen gibt. Und dann erzählt der Rentner von einem schon fünf Jahre zurückliegenden Einbruch, bei dem auch andere Wertgegenstände gestohlen worden sind.

Als die Ermittler bei den Kollegen nachfragen, stellen sie fest, dass auch Seifert im Jahre 1987 Anzeige wegen eines Einbruchs in seinem Haus erstattet hat. Unter anderem vermisse er etliche Pelze, gab er an – auch von mehreren Kunden, die ihm diese zur Umarbeitung anvertraut hätten. Da Seifert gegen Einbruch und Diebstahl versichert war, erstattete die Versicherung den Schaden prompt.

Jetzt aber stellt sich heraus, dass die angegebenen Kunden gar nichts von den Pelzen wissen, die sie Seifert gebracht haben sollen. Und unter den sichergestellten Fundstücken findet sich auch noch weiterer Schmuck aus dem Besitz des Nachbarn, den dieser 1987 als gestohlen gemeldet hatte.

Die Soko-Mitarbeiter brauchen nicht viel Fantasie, um sich auszumalen, dass Seifert übers Dach gestiegen ist, um bei seinem Nachbarn einzubrechen – und seinen eigenen Einbruch nur vorgetäuscht hat. Auf diese Weise hat sich der Coup offenbar doppelt für ihn gelohnt.

Als später im Zuge der Ermittlungen Seiferts Schwägerin in Rostock vernommen wird, erinnert sich die Frau noch gut an diese Äußerung des Verwandten aus dem reichen Hamburg: »Du glaubst gar nicht, wie schwer es ist, an das Geld anderer Leute zu kommen.«

Seifert selbst weist die Vorhaltungen wegen des Einbruchs entrüstet zurück. Doch die Beweisstücke sprechen eine andere Sprache.

6.

Ebenso eindeutig ist die Kassette, die im Schließfach in Wandsbek sichergestellt worden ist. Eine Frauenstimme ist darauf zu hören. In monotonem Tonfall spricht die Frau, vermutlich Annegret Bauer, von Folterqualen, denen sie ausgesetzt ist:

»Jetzt werde ich auch noch aufs Brutalste geknebelt. Ich habe panische Angst, aber das ist ihm offenbar egal ...«

Aus jedem Satz spricht tiefe Verzweiflung.

»Ich bitte, flehe und bettele, doch es gibt kein Entrinnen. Ich bin seine Gefangene, ihm gnadenlos ausgeliefert.«

Zwischen den Aufnahmen liegen offenbar größere Zeitabstände. Die Stimme wird immer dünner, immer leiser und kraftloser. Es scheint, als lägen die Qualen, von denen diese Frau spricht, schon lange hinter ihr. So teilnahmslos, so apathisch klingt das alles. Doch die Frau erzählt detailliert von Schlägen mit Peitsche und Gürtel, sie nennt ihren Peiniger »Folterknecht«, der sie zu Oralverkehr zwinge und sie vergewaltigte, als sie gefesselt auf einem Tisch gelegen habe.

»Ich habe Angst, was er in seinem Wahn noch alles tun wird.«

Wie bitterer Hohn, wie ein Gipfel der Demütigung mutet es an, als die Frauenstimme – offenbar gezwungenermaßen – verkündet: »Dies waren die unbefriedigten Wünsche einer Frau« – und wie in einem Werbespot den Namen eines Versandhauses und die entsprechende Bestellnummer nennt. An ihren Peiniger gerichtet, muss die Frau sagen:

»Du hast mir durch diese Praktiken eine völlig neue Welt der Lust eröffnet.«

Die Mitglieder der Sonderkommission halten den Atem an, während in ihrem Büro in der zwanzigsten Etage die

Aufnahmen laufen. Es ist, als spräche jemand aus dem Jenseits zu ihnen. Andreas Lohmeyer erinnert sich:

»Das war schon ein Schock. Da herrschte plötzlich Totenstille im Raum. Man hörte, wie die Stimme immer schwächer wurde, immer wehrloser. Wie bei einem Menschen, der langsam auf den Tod zugeht. Das war schon ungeheuer bedrückend und beklemmend, und das hat einen natürlich auch wütend gemacht.«

Und der Kollege Tielsch räumt ein:

»Anfangs war ich ja sehr skeptisch, was die Hypothesen unserer Kollegin betraf. Aber als ich dieses Tonband hörte, wusste ich: Annegret Bauer ist tot.«

Sicher aber ist zu diesem Zeitpunkt noch nicht, ob es sich wirklich um die Stimme Annegret Bauers handelt. Karla Sommer denkt daher bereits darüber nach, wem sie die Aufnahmen vorspielen kann, um Gewissheit zu erlangen. Annegrets Mutter will sie den Schock auf jeden Fall nicht zumuten.

Die Kriminalbeamtin entscheidet sich für Menschen aus dem weiteren Bekanntenkreis der Vermissten – und sie wählt Passagen aus, die vergleichsweise harmlos klingen. Dennoch sind die Bekannten entsetzt: Obwohl die Stimme so kraftlos klingt, haben sie keine Probleme, ihre Freundin zu erkennen.

Warum hat Seifert sein Opfer auch noch gezwungen, seine Qualen auf Band zu sprechen? Um sich noch nachträglich daran zu berauschen und seine Macht über die wehrlose Frau wieder und wieder auszukosten? Die Grausamkeit dieses Falles sprengt das menschliche Vorstellungsvermögen.

Soko 924

Zu der knarrenden Aufnahme passen die in einer Garage sichergestellten Polaroidfotos, die Annegret Bauer mit zerschundenem Gesicht und anderen Spuren ihrer Folterungen zeigen – genauso, wie Christa S. es zuvor beschrieben hat. Als Seifert später darauf angesprochen wird, will er von all dem entweder nichts wissen oder er spricht von einem Spiel – einem Sadomaso-Spiel in beiderseitigem Einvernehmen.

Auch die Handschellen, die sich in der Garage finden, erklärt der inhaftierte Kürschner so. Was aber ist mit der Handsäge, die in einem Umzugskarton steckt? Eine Säge, wie sie von Fleischern zum Durchtrennen von Knochen benutzt wird. Seifert hat die Fleischsäge nachweislich in einem Eisenwarengeschäft um die Ecke gekauft. Und wie der Kriminalbeamte Tielsch herausfindet, kaufte der Kürschner die Säge wenige Tage nach der Entführung Hildegard Kloeßers. »Ich will damit 'ne Schweinehälfte zerlegen«, habe er zur Begründung gesagt, erinnert sich der Händler. Zwei Jahre später kaufte er sich eine Ersatzklinge. Es fällt auf, dass in dieser Zeit gerade Annegret Bauer verschwunden war.

Jedes Fundstück, jede Zeugenbefragung muss im Lichte des Gesamtzusammenhangs betrachtet werden und bei Bedarf neue Ermittlungsschritte nach sich ziehen. Niemand in der Mordkommission zweifelt jetzt mehr laut daran, dass es wichtig ist, all dem nachzugehen. Auch die älteren Beamten, die Karla Sommer zuvor noch vorgehalten haben, Phantomen hinterher zu jagen, machen jetzt bereitwillig Überstunden, um die Ermittlungen voranzutreiben. »Ich hab' das schon geahnt«, sagt stattdessen der gleiche Kripo-Beamte, der wenige Wochen zuvor noch meinte, alles würde sich in Luft auflösen. »Ich hab' mir schon gedacht, was da für Arbeit auf uns zukommt.«

7.

Was mag in Annegret Bauer vorgegangen sein, als Seifert sie zwang, schon im Oktober Weihnachtskarten zu schreiben? Ahnte sie, dass sie womöglich nicht mehr am Leben sein würde, wenn die Weihnachtswünsche die Adressaten erreichten? Grüße aus dem Folterkeller waren das, wie jetzt feststeht. Die Weihnachtswünsche ebenso wie die Urlaubskarten.

Einen Hinweis auf die Seelenlage der jungen Frau liefert das Gutachten des Sprachwissenschaftlers Theo Bungarten, das schließlich vorliegt. Der Professor beschränkt sich nicht darauf, Karla Sommer die umfangreiche Studie zuzusenden. Bungarten bestellt sie in sein Büro, um sie auf eine Besonderheit hinzuweisen. Zuerst legt der Sprachwissenschaftler der Kriminalbeamtin eine Urlaubskarte vor, die an den Bruder Annegret Bauers adressiert ist. »Gucken Sie mal genau hin«, sagt Bungarten. »Fällt Ihnen an der Schreibweise der Buchstaben etwas auf?«

Da bemerkt auch Karla Sommer, dass einzelne Buchstaben nachgezogen und damit fetter geschrieben sind als andere – und in der Reihenfolge ihres Vorkommens einen Zusammenhang ergeben, eine verschlüsselte Botschaft. Aus der Anrede »l**i**ebes Br**u**derherz« lässt sich so »luz« herauslesen: Wie »Lutz«, der Name des mutmaßlichen Entführers. Und in einer Karte an Annegret Bauers Mutter ist in der Wendung »... gesund**h**e**i**t**l**ich **f**ür dich alles Gute« das Wort »hilf« versteckt. Ein verschlüsselter Hilferuf.

Auch auf anderem Wege bestätigt sich, dass Seifert bei den Schreiben der Vermissten seine Finger im Spiel hatte. Spurenexperten im Landeskriminalamt entdeckten seine Fingerabdrücke auf einem der Briefe Annegret Bauers. Im weiteren Verlauf der Ermittlungen wird außerdem der Nachweis erbracht, dass die Verschollene gar keine Urlaubsreisen unternommen hat: Lutz Seifert hat offenbar Freunde und Bekannte überredet, die Urlaubsgrüße für ihn in fernen Ländern einzuwerfen. Der Bruder seiner Spanischlehrerin Mercedes R. zum Beispiel warf eine Karte in Chile ein. Eine befreundete Stewardess nahm eine Karte mit nach Brasilien, um sie von dort abzusenden. Er sammle Briefmarken, hatte er der Frau gesagt, und die Marken müssten möglichst auch in den Ländern abgestempelt sein, aus denen sie stammten. Eine schlüssige Begründung, die niemanden veranlasste, Böses zu argwöhnen.

Dennoch war der Kreis der solcherart benutzten Freunde und Unterstützer schon verdächtig groß. Waren das alles wirklich nur Freundschaftsdienste? Waren die Helfer in aller Welt tatsächlich so arglos, wie sie sagen? Für die Soko-Mitarbeiter jedenfalls stellt sich die Frage, ob Seifert nicht möglicherweise Komplizen hatte.

8.

Alles deutet darauf hin, dass Lutz Seifert die vermissten Frauen getötet hat. Nur wo sind die Leichen? Als der Kriminalbeamte Josef Tielsch dem Beschuldigten während einer langen Vernehmung ankündigt, dass man Leichenspürhunde auf seinen Grundstücken einsetzen werde, falls er nicht endlich auspacke, entgegnet Seifert nur lächelnd: »Warum sollte ich die toten Frauen in meinem Garten verbuddeln? Wenn ich Leichen verstecken will, gehe ich doch auf den Friedhof. Da können eure Leichenhunde lange suchen zwischen Tausenden von Leichen.«

Aber das ist nur so dahergeredet. Als Tielsch noch einmal anklingen lässt, dass man möglicherweise bald mal wirklich seine Grundstücke umgraben müsse, entgegnet Seifert in ernsterem Ton: »Da werdet ihr gar nichts finden, ich vergrab doch keine Leichen in meinem Garten.«

Dann aber kommen die Leichenhunde doch zum Einsatz – hochspezialisierte Polizeihunde, die mit Hilfe von Leichentüchern und den Kleidungsstücken oder Gegenständen von Toten ausgebildet worden sind und auch noch nach mehreren Jahren Leichen aufspüren können, die in Plastiksäcken verpackt im Erdboden vergraben sind.

Tatsächlich zeigen die Hunde auch auf dem Wochenendgrundstück Seiferts in Basedow an, dass sie den antrainierten Geruch wahrnehmen. An einem Schuppen beginnen sie wie wild zu bellen und an der Wand hochzuspringen. Ist es Verwesungsgeruch, der sie noch nach so langer Zeit zu dieser Reaktion veranlasst?

Im Schuppen und angrenzenden Gartenbereich aber findet sich nichts. Ähnlich ist es am Dompfaffenweg in Hamburg-Rahlstedt. Auch hier schlagen die Hunde an, obwohl sonst nichts auf Leichen oder Leichenreste hindeutet. Denkbar, dass die Hunde Ausdünstungen gerochen haben, die sich an Dunstabzugsrohren des Atombunkers festsetzten. Aber nichts lässt auf die Herkunft solcher Geruchsspuren schließen.

Als Lutz Seifert darauf angesprochen wird, hat er sofort wie üblich eine Erklärung parat – eine harmlose Erklärung. »Das hat wahrscheinlich mit den Pelzen zu tun«, sagt der Kürschner. »Ich schätze, meine Frau hat die Kühlung ausgeschaltet, und jetzt fangen die ungegerbten Felle an zu stinken. Das riechen die Hunde natürlich.« Doch besonders überzeugend mutet diese Erklärung nicht an.

Als Kriminalhauptkommissar Lohmeyer wieder einmal in Basedow mit einem der Ferienhausbewohner spricht, wird er hellhörig. »Einmal habe ich gesehen, wie er in seinem Garten ein tiefes Loch gegraben hat – so tief, dass er schon nicht mehr zu sehen war«, sagt der Mann. »Das hat mich schon sehr überrascht. Sonst hatte der mit Gartenarbeit nämlich gar nichts am Hut.« Als er gefragt habe, was es mit der Buddelei auf sich habe, habe Seifert ihm erklärt, er wolle sich neben seinem Holzhaus einen Komposthaufen anlegen.

Die Polizei setzt daraufhin erneut Leichenspürhunde ein. Diesmal schlagen die Hunde an, als sie den Geruch von Eternit-Wellplatten aufnehmen, die auf dem Wochenendgrundstück herumliegen. Als Nachbarn berichten, Seifert habe mit den Platten die ausgehobene Grube abgedeckt, rückt ein Spezialkommando der Polizei an, um an der bezeichneten Stelle den Erdboden zu durchsuchen. Und die Beamten in den grünen Schutzanzügen werden fündig. Zunächst entdecken sie ein leeres säurefestes 200-Liter-Fass und fünf Kanister gefüllt mit 30-prozentiger Salzsäure.

Eine Woche später stoßen Kollegen nach einer erneuten

Befragung von Dorfbewohnern auf eine Betonschicht, die mit einer Metallplatte verstärkt ist. Sofort wird ein Bergungstrupp der Bereitschaftspolizei angefordert, der den Beton mit Presslufthämmern aufbricht.

In zweieinhalb Metern Tiefe kommt plötzlich ein schwarzer Kunststoffdeckel zum Vorschein. Wie sich bei den weiteren Ausgrabungsarbeiten zeigt, verbirgt sich darunter ein blaues 200-Liter-Fass mit gelber Gummidichtung. Als die Polizeibeamten den Deckel abheben, steigt ihnen fauliger Geruch in die Nase: Das Fass ist gefüllt mit einer bräunlichen Brühe, in der undefinierbare Körperteile und feste Gegenstände schwimmen – darunter so etwas wie ein Ball, dem die Luft ausgegangen ist. Wie sich später herausstellen wird, handelt es sich dabei um den Kopf von Annegret Bauer.

Während immer mehr Reporter und Fernsehteams in der Ferienhaussiedlung am Lanzer See eintreffen und die herbeigeströmten Dorfbewohner entsetzt über den Zaun starren, wird das Fass mit einem Kran aus dem Erdloch gezogen und auf einen bereitstehenden Polizeitransporter geladen.

Noch am selben Tag wird der Behälter nach Hamburg in die Gerichtsmedizin befördert und systematisch untersucht. Die Leitung der ungewöhnlichen Obduktion übernimmt Professor Klaus Püschel, Direktor des Instituts für Rechtsmedizin am Universitätsklinikum Hamburg-Eppendorf. »Das Fass war gut zur Hälfte mit einer schwarz-braunen Flüssigkeit gefüllt, bei der es sich nach ersten orientierenden Untersuchungen um eine Säure handelte«, erinnert sich Püschel. »Auf der Flüssigkeit schwammen dicke Fettbrocken. Ein Teil ragte heraus, der sich bei der weiteren Untersuchung als menschlicher Oberkörper entpuppte.«

Nachdem der Fassinhalt acht Stunden lang akribisch

seziert worden ist, kommen die Obduzenten laut Püschel zu dem Ergebnis, dass die im Fass vorgefundenen menschlichen Körperteile »hochgradig zersetzt, teilweise aufgelöst und stark deformiert« sind. Ohne Zweifel handelt es sich dabei um die sterblichen Überreste einer Frau. Die Obduzenten identifizieren silberfarbene Fingernägel und rot lackierte Fußnägel.

In seinem Beitrag zu dem Sammelband *Die unglaublichsten Fälle der Rechtsmedizin* hebt Püschel hervor:

»*Die verschiedenen Körperteile waren mannigfach gefesselt. Die Kopfhaare waren geschoren. Der Körper war mehrfach zerlegt. Unter anderem war der Kopf abgetrennt. Am linken Unterschenkel fanden sich eindeutige Sägespuren.*«

Nach der Rekonstruktion der im Fass gefundenen Zahnbestandteile steht eindeutig fest, dass es sich bei der Toten um Annegret Bauer handelt. Die Todesursache ist nicht mehr feststellbar.

Als Lutz Seifert von Josef Tielsch und einem anderen Soko-Mitarbeiter mit dem Untersuchungsergebnis konfrontiert wird, zeigt er sich überrascht und streitet jede Schuld am Tod Annegret Bauers ab. Doch die Kriminalbeamten geben sich damit nicht zufrieden. Sie wollen jetzt auch den Leichnam der anderen Vermissten ans Licht befördern. Denn am Tod Hildegard Kloeßers ist kaum mehr zu zweifeln. Bei ihrer zuvor besprochenen Vernehmungsstrategie bauen sie darauf, dass der Tatverdächtige an seinem weitgehend selbstgebauten Wochenendhaus in Basedow hängt. Damit setzen sie ihn unter Druck, indem sie unverhohlen drohen: »Wenn Sie uns nicht sagen, wo die andere Leiche ist, sehen wir uns leider gezwungen, ihr komplettes Ferienhaus abzureißen.«

Das wirkt. Seifert teilt mit, dass er ein weiteres Salzsäurefass auf seinem Grundstück in Hamburg-Rahlstedt vergraben hat – mit den sterblichen Überresten Hildegard Kloeßers. Die Frau seines früheren Chefs habe einen Unfall gehabt und sei dabei ums Leben gekommen. Daraufhin habe er ihren Leichnam in seiner Panik in ein Fass gestopft, mit Säure übergossen und in seinem Garten vergraben.

Zumindest in dem letzten Punkt sagt Seifert die Wahrheit. Unter einer achtzig Zentimeter dicken Betondecke wird das Säurefass tatsächlich am 4. Dezember gegen 16.15 Uhr auf dem Anwesen in Rahlstedt an der bezeichneten Stelle gefunden. Eine Tanne mit Lichterkette verbreitet im Garten des Reihenhauses noch weihnachtlichen Glanz, das 250-Liter-Fass aber deutet auf Abgründe hinter der Fassade einer vermeintlich heilen Welt.

Wieder müssen die Mitarbeiter des Instituts für Rechtsmedizin unter Leitung ihres Direktors eine Nachtschicht einlegen, um den Fassinhalt zu obduzieren. Da die Säure hochprozentiger ist und der Todeszeitpunkt zwei Jahre länger zurück liegt als im Fall Annegret Bauers, ist der Zersetzungsprozess noch weiter fortgeschritten. Der Einfluss des Luftsauerstoffs nach dem Entleeren des Fassinhalts befördert den Auflösungsprozess zusätzlich. Auf dem Seziertisch ist somit nur noch ein schwer definierbarer Schleim zu besichtigen. Es lässt sich nicht einmal sagen, ob es sich bei den aufgelösten Körperteilen um die Überreste einer Frau oder eines Mannes handelt. Exaktere Rückschlüsse auf die Identität der Toten lassen sich aus Besonderheiten der Zahnkronen aus Gold und Amalgam ziehen, die die assistierenden Kriminalbeamten aus dem Schleim ziehen.

Auch andere Utensilien, die im Salzsäurefass schwammen, sind vergleichsweise gut erhalten: kleine Schraubzwingen, eine Kabelschelle aus Hartplastik, Bänder, Wäscheklammern, Pinnadeln und Steinwolle. Aus Sicht der ermittelnden Kriminalbeamten handelt es sich dabei um Dinge, mit denen Seifert sein Opfer Hildegard Kloeßer gefesselt, geknebelt und in anderer Form malträtiert hat.

Püschel beweist Sinn für makabren Humor, wenn er in seinem Beitrag für den genannten Sammelband erzählt, wie ihn sein Sohn am nächsten Tag begrüßte: »Na, Papi, habt ihr wieder ein Fass aufgemacht?«

Und der Vater bestätigt:

»*In der Tat, wir hatten zwei Fässer aufgemacht. Aber es gab keinen Grund zum Feiern. Wir hatten in Abgründe geschaut. Einen Abgrund der Seele, einen Abgrund des Grauens, aber nach wie vor entzieht sich meiner Vorstellungskraft – auch nach vielen Jahren Gerichtsmedizin, Tausenden von untersuchten Toten und persönlichen Erfahrungen mit Tatorten, Rekonstruktionen, Leichenöffnungen, Gerichtsverhandlungen als Gutachter –, was hier zwischen dem grausamen Mörder und seinen hilflosen Opfern hinter den Betonmauern des Atombunker-Verlieses abgelaufen ist.*«

9.

Nach der Bergung der Säurefässer überschlagen sich die Boulevardzeitungen mit reißerischen Berichten. »Tote Frauen im Säurefass«, titelt die *Bild-Zeitung*, über einem anderen Bericht steht die Überschrift: »Sex und Salzsäure«. *Das Hamburger Abendblatt* zitiert das freigelassene Entführungsopfer Christa S.: »Es war der reinste Horrortrip. Er ist eine Bestie.« Und in fetten Lettern fragt die *Hamburger Morgenpost*: »Wieviele Leichen hat er im Keller?« Natürlich kommt auch Seiferts Familie ins Spiel. *Bild* veröffentlicht ein Foto, das Seifert väterlich lächelnd neben seiner Frau Anke und seiner Tochter Andrea zeigt, die einen Ball in der Hand hält. »Er mordete nur, wenn seine Frau in Urlaub war«, heißt es in dem Blatt über den »Kürschner von Rahlstedt«.

Nachbarn, Freunde und Angehörige werden befragt. Fast alle finden ihn nett, niemand kann begreifen, was da geschehen ist. »Er war der beste Papi, der netteste Kollege, der großzügigste Gastgeber – aber er führte ein unheimliches Doppelleben«, bilanziert die *Bild-Zeitung* in einer Dachzeile. In einer anderen Ausgabe ist »Das Ferienhaus des Grauens« zu besichtigen. Auch einen Blick auf das Reihenhaus am Dompfaffenweg dürfen die *Bild*-Leser werfen. »Gott sei Dank war ich nie bei ihm Kaffee trinken«, lautet der zur Überschrift aufgeblasene Kommentar einer Nachbarin. Ebenfalls in der *Bild-Zeitung* ist nachzulesen, was angeblich Seiferts neun Jahre ältere Halbschwester Ingeborg über die Kindheit ihres Bruders zu sagen hat. »Der Kürschner, dieses unersättliche Sex-Monster«, heißt es da, sei mal ein »netter kleiner Junge, ein richtiges Muttersöhnchen« gewesen: »Unsere Mutter war zweimal verheiratet. Aus erster Ehe hatte sie zwei Kinder, Lutz war der Nachkömmling. Er hing an ihrem Rockschoß.

Ein unruhiges Kind, das nicht stillsitzen konnte.« Mutter Klara habe an die Macht der Sterne geglaubt. »Sie legte für ihren Sohn die Karten und sah für ihn in die Zukunft.«

An anderer Stelle erfährt der Leser auch, wie Ingeborg J. über die Ehe ihres Bruders denkt: »Seine Ehe war doch schon lange kaputt. Das hat ihn sehr mitgenommen«, zitiert das *Hamburger Abendblatt* die Halbschwester. Die Ehe sei ein einziger Fehler gewesen. Vielleicht sei er ja dadurch auf die schiefe Bahn geraten. Denn eigentlich sei er ein Mann gewesen, wie ihn sich jede Frau wünsche: »lieb, nett und zuvorkommend«.

Immer mehr alte Bekannte finden sich, die auch von den düsteren Seiten des Kürschners wissen: seinen Sadomaso-Obsessionen, seinem Traum, Bestattungsunternehmer zu werden, seinen Selbstcharakterisierungen, die ihren Ausdruck in dem teuflischen Spitznamen Lutzifer finden.

Sogar in Costa Rica hören sich die Reporter der deutschen Boulevardblätter um, um mehr über das geheimnisvolle Leben des Frauenmörders herauszufinden. Im *Hamburger Abendblatt* zum Beispiel erinnert sich ein Mann, der Seifert bei einer Exkursion durch den Urwald begleitet hat. Jede Menge magischer Tröpfchen habe der abergläubische Reisegefährte mitgeführt. Auch Seiferts Lust am Quälen habe er bei dieser Schatzsuche im Urwald beobachten können. Eines Nachts habe der Kürschner mal eine Einheimische mit ins Camp genommen. Die Frau habe sich das Fußgelenk verstaucht, und Seifert habe ihr angeboten, den angeschwollenen Fuß zu massieren. Das sei aber nur ein Vorwand gewesen. Die angebliche Massage sei zur Quälerei ausgeartet – verbunden mit lautem Geschrei. »Die Frau hat vor Schmerzen geschrien – und er vor Lust.«

Natürlich sprechen die Reporter auch mit den Astrologen

und Wahrsagerinnen, und sie zelebrieren genüsslich alles, was über die Sadomaso-Praktiken Seiferts herauszufinden war. In fetten Schlagzeilen-Lettern zitiert die *Bild-Zeitung* ein »Sex-Mädchen« von der Reeperbahn: »Domina Marianne: Er winselte um Schläge.«

Und schon nach dem zweiten Säurefassfund scheint festzustehen, dass der mutmaßliche Mörder noch viel mehr Frauen auf dem Gewissen hat. In der *Bild-Zeitung* ist gleich von 25 vermissten Damen die Rede, die der Kürschner angeblich schon zu Tode gequält hat.

10.

Paul Schneider war wie vom Donner gerührt, als er die Berichte über Lutz Seifert las. Der »Kürschner von Rahlstedt«, die »Bestie mit den Säurefässern«, war sein Nachbar und langjähriger Freund. Auch zwanzig Jahre nach den ersten Schlagzeilen hat der Rentner, der immer noch in der Ferienhaussiedlung am Lanzer See lebt, in Wirklichkeit aber anders heißt, Seifert als netten, kontaktfreudigen und hilfsbereiten Menschen in Erinnerung – manchmal ein bisschen absonderlich, aber alles andere als ein Außenseiter. Buchstäblich ein Mann aus der Mitte der Gesellschaft. Einer, mit dem man Pferde stehlen konnte, wie es schien:

»*Wir haben zusammen viele Feste gefeiert, im Garten gegrillt oder Schollen gebraten. Wir waren 'ne richtig gute Clique. Das war nie langweilig, wenn der dabei war. Er hat immer seine Stories erzählt. Das konnte er einfach gut. Wir haben sogar zusammen Urlaub auf Mallorca gemacht. Wir haben uns ein Ferienhaus gemietet – Seifert mit Frau und Tochter und ich mit meinem Sohn. Das war richtig nett.*«

Gemeinsam mit den Schneiders und einer weiteren Familie gehörte Seifert gewissermaßen zu den Gründervätern der Blockhaussiedlung. Schon Ende der siebziger Jahre hatte er sich sein Wochenenddomizil in Basedow gezimmert – nur fünfzig Meter vom Lanzer See entfernt, aber ohne Seeblick. Wie andere pendelte er zwischen seinem Hauptwohnsitz in Hamburg und dem abgeschiedenen Dorf im Herzogtum Lauenburg. Irgendwann muss Seifert sich dann entschlossen haben, ein sehr viel weiter entferntes Feriendomizil zusätzlich zu erwerben. Auch dies war in Basedow kein Geheimnis.

Paul Schneider jedenfalls war über Seiferts Projekte in Mittelamerika informiert – zumindest teilweise. Beim Schmied im Dorf habe er sich sogar seinen Jeep umbauen lassen, den er mit nach Costa Rica nehmen wollte, erzählt der Rentner. Das habe sich zwar alles ein bisschen abenteuerlich angehört, zu Seifert, diesem Glücksritter, aber durchaus gepasst. Auch von seiner Vorliebe für Sadomaso-Sex habe er ihm erzählt, sagt Schneider.

»Er wollte mich auch mit in seinen Club nehmen. Aber das habe ich nicht gemacht. Zum Glück.«

Auch Schneider bekam mit, als der Nachbar plötzlich im Garten eine »tiefe Kuhle« aushob.

»Er hat mir gesagt, dass da das gemähte Gras rein soll, weil es in der Erde besser fault. So eine Art Kompostgrube. Ich hab' ihm das geglaubt. Warum auch nicht?«

Einige Zeit später sei Seifert dann mit zwei Säurefässern auf seinem Anhänger vor seinem Wochenendgrundstück vorgefahren. Was er damit vorhabe? »Darin vergab' ich 'n paar Leichen«, habe er grinsend geantwortet. »Aber natürlich hat ihm das keiner geglaubt.« Auch sonst habe Seifert ja seine makabren Scherze gemacht.

Dabei war in der Blockhaussiedlung bekannt, dass der Kürschnermeister sich mit Säure auskannte. Einmal soll er einen toten Maulwurf in ein Glas gelegt haben, das mit Salzsäure gefüllt war. Zwei Tage später habe er das Glas überall herumgezeigt und gesagt: »Guck mal, von dem Maulwurf ist nichts übriggeblieben.«

In der Basedower Heimatchronik wird die Episode als

Beispiel für Seiferts »Spaß am Experimentieren« geschildert. Auch andere Eigenarten des berüchtigten Mitbewohners finden in der Dorfgeschichte Erwähnung. In vielen Häusern sei er ein- und ausgegangen, weil er einen »florierenden Schwarzhandel mit Pelzen« betrieben habe, heißt es da. Besonders gut soll er sich mit Frauen verstanden haben. Manche Frauen aus Basedow soll er laut Chronik sogar eingeladen haben, ihn nach Costa Rica zu begleiten – »allerdings hatte er sich vorher über ihren Finanzstatus informiert«, wird betont. Auch wenn keine Fernreise in Aussicht stand, habe er die Damen des Dorfes nicht nur nach ihrem Charme oder Aussehen bewertet. »Auf Damen mit einem gut gepolsterten Konto hatte er es abgesehen«, berichtet die Chronik. »Gegenüber unvermögenden Frauen aus seiner Umgebung zeigte er sich bis zur Unhöflichkeit uninteressiert.«

Seiner allgemeinen Beliebtheit tat dies aber offenbar keinen Abbruch. Seifert war Gast bei vielen Partys und Dorffesten und galt als Spaßvogel. Daher sah man ihm manche Marotten nach. Dass er zum Beispiel an warmen Sommertagen leicht bekleidet oder gar nackt in seinem Garten werkelte. »Das war für die Leute hier ein gewohntes Bild«, erzählt eine Nachbarin heute. Trotz solcher Eskapaden habe man ihm vertraut. »Sogar Nachbarskinder haben ja bei ihm übernachtet.« Da er sich so fürsorglich um seine Tochter gekümmert habe, habe man da keine Bedenken gehabt.

Wie eine Bombe schlug daher im September 1991 im Dorf die Nachricht ein, wonach der nette Herr Seifert in Hamburg festgenommen worden war – zunächst »nur« wegen einer Entführung. Die Ortsfeuerwehr hatte gerade eine Versammlung abgehalten, als die Polizei angerückt war – mit der dringenden Bitte um Amtshilfe: Die Feuerwehr wurde gebeten, mit Hilfe eines Bolzenschneiders den Telefonhörer in der örtlichen Telefonzelle abzutrennen. Da Seifert allem Anschein nach von der Telefonzelle aus beim Sohn seines Entführungsopfers angerufen hatte, sollte der Hörer als Beweisstück gesichert werden.

Aber das war nur das Vorspiel noch dramatischerer Ereignisse. Fotos in der Heimatchronik zeigen, wie die Polizei im Dezember 1992 in Seiferts Garten eine zwei Meter tiefe Grube gegraben hat, um die Fässer zu bergen.

Das Wochenendgrundstück liegt direkt an der Straße, und auf der anderen Seite ist es von der Nachbarparzelle einsehbar. Immer musste Seifert daher damit rechnen, von irgendjemandem beobachtet zu werden, wenn er sich im Garten zu schaffen machte. Auch damals, als er jene Fässer vergrub, war er von Nachbarn gesehen worden. Aber niemand hatte sich etwas Böses dabei gedacht.

Heute, gut zwanzig Jahre später, ist buchstäblich Gras über die Sache gewachsen. Ruhe und ländlicher Frieden sind wieder zum Lanzer See zurückgekehrt. Stockenten ziehen meist lautlos ihre Bahn über den großen Baggersee, der vom Elbe-Lübeck-Kanal umflossen wird.

Wer sich aber mit den älteren Bewohnern unterhält, spürt, dass die Vergangenheit immer noch einen Schatten auf den Ort wirft. Für viele ist es nach wie vor unfassbar, dass sie sich in dem netten Hamburger so sehr getäuscht haben, dieser Frohnatur mit dem Folterkeller. Und da der einstige Dorfbewohner möglicherweise bald wieder auf freien Fuß kommen könnte, möchte sich niemand allzu weit aus dem Fenster hängen – und schon gar nicht namentlich in einem Buch genannt werden. Bloß nicht! Am Ende kehrt der Kürschner als Racheengel zurück nach Basedow. Wer weiß denn, was so einem durch den Kopf geht. Zutrauen würden ihm die Menschen in der Blockhaussiedlung mittlerweile alles.

11.

Lutz Seifert selbst trägt unterdessen wenig zur Aufklärung bei. Unter dem Druck der Beweislast gibt der Beschuldigte zwar schließlich zu, dass er beide Frauenleichen zersägt und in Säure aufgelöst hat, beteuert aber, am Tod von Hildegard Kloeßer und Annegret Bauer unschuldig zu sein – mit wechselnden Erklärungen. Hildegard Kloeßer zum Beispiel habe geklagt, dass sie sich im Haus ihres Mannes wie eine Putzfrau vorkomme. Aus freien Stücken sei sie mit ihrem Dackel Donald zu ihm gekommen. Ohne jeden Zwang! Beim Überqueren der Straße sei der Dackel dann leider von einem Lastwagen überfahren worden. Kurze Zeit später sei das zweite Unglück geschehen: Mit dem blutenden Dackel auf dem Arm sei die Frau seines früheren Chefs in seinem Haus in Rahlstedt die Kellertreppe hinuntergefallen. Zuerst habe er nur dieses klatschende Geräusch gehört, dann habe er gesehen, wie der Frau ein dünner Blutstrahl aus der Nase gelaufen sei. Entsetzt habe er feststellen müssen, dass die Frau nicht mehr atmete, tot war. In seiner Panik und der Angst vor seiner immer so strengen Mutter habe er den Leichnam in ein Salzsäurefass gestopft und im Garten vergraben.

Die Kriminalbeamten glauben Seifert kein Wort, lassen ihn aber reden – auch, als er erzählt, wie Annegret Bauer ums Leben gekommen ist. Ein Unfall sei es gewesen, die Frau sei böse gestürzt, als sie mit ihm in der Sauna gewesen sei.

Bei einer Vernehmung stellt sich auch heraus, dass Seifert 1986 der Frau seines Halbbruders Gerd K. zwei Kleiderpakete nach Rostock geschickt hat: Blusen, Röcke, Lederjacken. Seine Frau habe ihren Kleiderschrank aussortiert, soll Seifert anfangs erklärt haben. Später erzählte er angeblich, die Sachen stammten von einer Frau, die einen Motorradunfall gehabt habe. Jetzt zeigt sich, dass die Kleidungsstücke einmal Hildegard Kloeßer gehörten.

Im Laufe der Ermittlungen wird immer deutlicher, dass Seifert neben seinem Doppelleben in Hamburg auch noch ein Leben in Mittelamerika führte. Nach etlichen Reisen hatte er sich im Jahre 1990 das Haus in Costa Rica gekauft – für immerhin 165 000 Dollar. Nach eigenen Angaben plante er, ein Hotel zu eröffnen und suchte nach kapitalkräftigen Investoren. Vieles spricht dafür, dass er in dem mittelamerikanischen Staat ebenso Kontakte zu Regierungsvertretern geknüpft hat wie zu zwielichtigen Deutschen – zu Gangstern und dubiosen Geschäftemachern, zu Schatzsuchern, Goldgräbern, Abenteurern.

Aber das sind alles nicht mehr als Gerüchte. Ob sich ein wahrer Kern dahinter verbirgt, bleibt ungeklärt. Gern hätte Karla Sommer sich zum Beispiel mit einem Kollegen im Haus und auf dem Grundstück des Kürschners umgesehen, Nachbarn und Freunde befragt. Doch das Rechtshilfeersuchen war ja von Costa Rica abgelehnt worden.

Wozu ist ein Mensch fähig, der schon in Deutschland in enger Umgebung so hochkomplexe, brutale Verbrechen begeht, wenn er sich außerhalb sozialer Kontrolle in Costa Rica bewegt? Nicht nur der Kriminalbeamte Lohmeyer stellt sich diese Frage. Im Fall Seiferts lässt sich aber nur mit Sicherheit sagen, dass der frühere Pelzhändler fest entschlossen war, nach Mittelamerika überzusiedeln, um – mit Hilfe seiner Beute – ein neues Leben zu beginnen.

12.

Die Soko-Mitarbeiter mühen sich weiter, das Umfeld des Beschuldigten in Norddeutschland aufzuhellen, das Blendwerk von Lüge und Täuschung zu durchdringen. Dabei befragen sie auch mehrere Astrologen, deren Dienste Seifert in Anspruch genommen hat. Hierzu gehört Jean-Paul Zamora, einer der prominentesten Sterndeuter Hamburgs. Mit eigener RTL-Sendung und zahlungskräftigen Kunden vom Kiez. Der gebürtige Franzose empfing seine Kunden lange Zeit in seinem Büro in Wandsbek und wohnte in unmittelbarer Nähe von Seiferts Pelzhandlung.

Später siedelte der Wahrsager nach Barmstedt um, einer Kleinstadt im schleswig-holsteinischen Teil des Hamburger Speckgürtels. Hier lebt er in einem eigenen Haus »Am Galgenberg«, einer durch und durch bürgerlichen Wohngegend, aber einer Top-Adresse für Dienstleister des Übersinnlichen wie Dr. Zamora. Seifert sei damals mit Landkarten von Mittelamerika zu ihm gekommen, habe ihn aufgefordert, für ihn auszupendeln, wo Goldschätze zu finden seien, sagt der Mann mit dem französischen Akzent. Dabei sei der Kürschner manchmal auch aggressiv geworden – besonders, wenn die Vorhersagen nicht seinen Erwartungen entsprachen. »Dann habe ich ihn auch schon mal rausgeworfen.«

Auch zwanzig Jahre später erinnert sich der Religionswissenschaftler mit dem Doktortitel noch an seinen einstigen Stammkunden, als habe er ihm erst gestern die Karten gelegt.

»So etwas vergisst man nicht. Ich sehe ihn noch in seiner weißen Bluse vor seinem Geschäft stehen. Immer lächelnd, immer nett. Wirklich ein sehr freundlicher, kontaktfreudiger Mensch. Nur

aus seinen Augen blickte einen der Teufel an – diese kalten, hellblauen, stechenden Augen. Die gingen einem durch und durch. Die haben ihn verraten. Und dann diese komische Stimme: so schrill und so hoch.«

Gleich nach der ersten Begegnung habe er Seifert auf den Kopf zugesagt, dass seine Tochter zwei Leben habe. Ihr sei vorbestimmt, dass sie einen schweren Unfall überleben könne oder nach einem Badeunfall ins Leben zurückgeholt werde.

»Das hat ihm imponiert, denn das war bereits geschehen. Seine Tochter war tatsächlich schon mal beim Schwimmen untergegangen und wiederbelebt worden. Nach diesem Treffer hat er mir vertraut und mich gebeten, dass ich ihm die Sterne deute und die Karten lege.«

Doch der Blick in die Zukunft verhieß nichts Gutes. Schon die Tarot-Karten gaben Anlass zur Sorge: »Turm, Teufel, der Gehenkte und das zwölfte Haus – das bedeutet Isolation, zum Beispiel lange Krankheit oder Gefängnis.« Auch die Sternbildposition – »Saturn im zwölften Haus« – habe ihm zu verstehen gegeben, dass Vorsicht geboten sei.

»Die Sterne standen immer schlecht bei ihm, und Turm, Teufel und der Gehenkte waren seine ständigen Begleiter, ich habe ihn genug gewarnt.«

Niemand sei seinem Schicksal hilflos ausgeliefert, betont der Astrologe. »Man kann dagegen ansteuern.« Auch Seifert habe er auf sein Risiko hingewiesen. »Aber er wollte nichts davon wissen.«

Dabei habe der Kürschner durchaus Angst gehabt, in Süd- oder Mittelamerika bei seinen Reisen festgenommen zu werden, sagt der Sterndeuter. Über den Grund seiner Ängste habe Seifert sich ausgeschwiegen. »Ich habe immer gedacht, dass es mit dieser illegalen Schatzsuche zusammenhängt«, sagt Zamora. Nicht im Traum wäre er darauf gekommen, dass dieser gesellige Mann Menschen ermordet haben könnte.

»Er hat sich durch nichts verraten. Der war wirklich schlau. Er war der perfekte Mörder. Er hat in seiner Welt der Lügen gelebt, und das hat funktioniert.«

Nach der Mordanklage in Hamburg sei ihm klar geworden, dass Seifert auch in Costa Rica »Dreck am Stecken« haben müsse, meint der Astrologe. »Wenn die Polizei da nach Mordopfern suchen würde, würde sie garantiert was finden. Hundertprozentig!«
Bei den Beratungen mit Seifert sei es meistens um Geld gegangen, verrät Zamora. »Geld war seine große Liebe.« Aktien, Geschäfte, Grundstückskäufe – bis hin zur erwähnten Schatzsuche in Costa Rica. Doch rückblickend betrachtet sei vieles wahrscheinlich nur Camouflage gewesen, Maske und Täuschung. Neben dem Geld sei dem Kürschner nur seine Tochter wichtig gewesen – der wohl für ihn entscheidende Grund, seine zerrüttete Ehe fortzuführen.

»Er hat seine Tochter über alles geliebt und seine Frau über alles gehasst. Er hat nur schlecht über seine Frau gesprochen, gesagt, dass er sie am liebsten umbringen möchte.«

Zwischen dem Kürschner und seiner Frau habe Seiferts Mutter gestanden.

»Sie war die Herrscherin, sie hatte große Macht in seinem Leben. Vor ihr hatte er Angst.«

Großen Respekt aber habe Seifert eben auch vor den Sternen gehabt, betont der Sterndeuter. Knapp zwanzigmal sei er zu ihm in die Beratung gekommen, zwischendurch habe er immer wieder angerufen, um astrologische Entscheidungshilfe zu erbitten. Dabei habe er auch noch weitere Wahrsager und Kartenlegerinnen konsultiert. »Das war einer von denen, die gleich zu andern laufen, wenn man ihnen nicht sagt, was sie hören wollen.«

In den letzten Wochen vor seiner Verhaftung sei er immer nervöser geworden, habe dauernd unruhig mit den Händen herumgefuchtelt und böse geguckt. Wegen jeder Kleinigkeit sei er an die Decke gegangen. Gleichzeitig hätten sich auch beim Kartenlegen die Hinweise auf das drohende Unheil verstärkt. Das habe ihn auch selbst nicht kalt gelassen, gesteht der Astrologe, der als Schutz vor bösen Geistern ein Amulett mit einem Marienbildnis trägt.

»In dieser Zeit ist mir immer wieder der Teufel im Schlaf erschienen. Ich hatte richtige Angstzustände.«

Daher habe er seinen Kontakt zu Seifert schließlich abgebrochen, sagt der Sterndeuter. Doch die Geschäftsbeziehung warf einen langen Schatten. Als Zamora später im Prozess gegen Seifert aussagte, bekam er – nach eigenem Bekunden – anonyme Morddrohungen.

13.

Die Soko-Mitarbeiter schüttelten sich bisweilen vor Lachen, wenn sie bei ihren Einsatzbesprechungen in der zwanzigsten Etage von ihren Gesprächen mit den Wahrsagern und Astrologen berichteten. Bei aller Wertschätzung für das Gewerbe der esoterischen Zukunftsforscher überwog die kriminalistisch geschulte Skepsis. Ähnlich bizarr gestalteten sich die Ermittlungen in den Sadomaso-Clubs auf St. Pauli. Es ging um die Grenze zwischen einvernehmlichem SM-Sex mit lustvoll ertragenen Schmerzen und erzwungenen Folterungen, die den Tatbestand der gefährlichen Körperverletzung erfüllen und vielleicht sogar bis hin zum Tod gehen können. Wie weit reicht die gesellschaftliche Akzeptanz bei gewaltsamen Sex-Praktiken in der Nachfolge des Marquis de Sade? Kann es sein, dass die Tötung der Frauen im Fall Seifert nicht beabsichtigt, sondern Folge eines Unfalls war?

Oberkommissar Lohmeyer steuert mit einem Kollegen den legendären »Club de Sade« in St. Pauli an, wo Dominas ihre »Sklaven« traditionell auspeitschen, auf Streckbänken foltern oder in Käfigen gefangen halten. Mit Interesse nehmen die Kripo-Beamten hier zur Kenntnis, dass es manchen Männern danach gelüstet, dass auf ihrer Haut eine brennende Zigarette ausgedrückt wird. Eine der Damen berichtet, ein Kunde habe Interesse an einer ausgebildeten Krankenschwester bekundet, die bereit sei, ihn ohne Betäubung aufzuschneiden und wieder zuzunähen. Da habe man bedauernd den Kopf geschüttelt.

Auch sonst erweist sich der Club trotz seiner zur Schau gestellten Streckbänke, Käfige und Folterwerkzeuge vor allem als eine Art Kontakthof, wo die Gäste sich kennenlernen können, bevor sie sich nach einer Aufwärmphase entsprechend ihrer speziellen Wünsche in private Räume zurückziehen.

Die Fahnder suchen auch nach »Domina Marianne«, bei der Seifert laut *Bild* um Gnade gewinselt hat. Doch vergebens. Die Geschichte, so hat es den Anschein, ist frei erfunden.

Kurz vor Weihnachten besichtigen die beiden Kriminalbeamten zur Abrundung ihres Bildes der SM-Szene einen dieser privaten Clubs außerhalb des Rotlichtmilieus: eine noble Villa mit Marmorsäulen und Kristalllüstern in einer durch und durch soliden Wohngegend der Elbmetropole, die Lohmeyer noch aus einem anderen Ermittlungsverfahren kennt. Eine Top-Adresse auf dem Sektor der ausgefallensten Sex-Praktiken, wie sich zeigen soll – und mit europaweitem Ruf.

Die obere Etage ist den Liebhabern von Folterspielen vorbehalten – mit Flaschenzügen zum Aufhängen, Streckbänken und Fesseln, Peitschen und Schraubzwingen aller Art. Für Kunden mit ganz anderen Neigungen steht ein Kinderzimmer bereit, wo man sich windeln und wie ein Baby ins Bett bringen lassen kann. Wieder andere Obsessionen lässt ein weiterer Raum Wirklichkeit werden: ein Arztbehandlungszimmer mit Gynäkologenstuhl, Spritzen, Einlaufutensilien, Operationstisch und OP-Besteck.

Andreas Lohmeyer und seine Kollegen erhalten durch den Besuch Einblicke in eine bisher unbekannte Welt:

»Es hat sich bestätigt, dass die Grenzen fließend sind und sexuelle Vorstellungen sehr weitgehend sein können – verbunden mit Schmerzen, extremer Erniedrigung und Fantasien, auf die man außerhalb dieser Szene kaum kommt.«

Konkrete Hinweise auf Seifert aber finden sich in der Hamburger Sadomaso-Szene nicht.

Eng verbunden ist der Kürschnermeister dagegen mit Vertretern der Hamburger Banken- und Geschäftswelt. Noch aus dem Gefängnis heraus wendet er sich zum Beispiel mit einem Brief an einen befreundeten Filialleiter der Hamburger Sparkasse, mit dem er einst Squash gespielt und dem er auch den Atomschutzbunker gezeigt hat:

»Lieber Michael,
schmeiß alles weg. Rainer soll meinen Tresorschlüssel von der Schweiz wegwerfen. Er hat leider keine sehr guten Nerven. Die Polizei durchsucht zur Zeit alles. Bitte rette meine letzten Gelder, ich kann mich sonst erschießen. Ich glaube, ich muss jetzt für 20 tolle Jahre bezahlen.«

Der Filialleiter verhält sich jedoch anders, als sein einstiger Freund gehofft hat: Er übergibt den Brief der Polizei.

14.

Die vielen Schmuckstücke unbekannter Herkunft, sowie die scheinbar unerschöpflichen Geldreserven lassen vermuten, dass Seifert sich nicht nur an Hildegard Kloeßer und Annegret Bauer bereichert hat. Der Blick der Ermittler weitet sich. Immer neue Verdachtsmomente scheinen auf. Und sie beschränken sich nicht auf Eigentumsdelikte. Ist der Kürschner also vielleicht wirklich für den gewaltsamen Tod weiterer Frauen verantwortlich, wie die Boulevardzeitungen mutmaßen?

Bei der Durchsicht ungeklärter Frauenmorde sticht der Sonderkommission vor allem der Fall Elvira Polkehns ins Auge: Die am 21. Juli 1959 geborene Frau war am Abend des 13. Januar 1991 zuletzt in Hamburg gesehen worden, Anfang Februar entdeckte ein Zeitungsausträger ihre Leiche in einem Schilfgürtel der Elbe bei Kirchwerder, einem Ortsteil Hamburgs. Verantwortlich für ihren Tod war laut Obduktion eine Schädelfraktur. Die Mutter eines kleinen Jungen wurde vermutlich mit einem Hammer erschlagen.

Im April 1992 griff die *ZDF*-Sendung *Aktenzeichen XY ... ungelöst* mit Eduard Zimmermann den Fall auf. Danach ging dem Verschwinden der früheren Pelznäherin ein Ehestreit voraus.

Die Chronik der Tragödie in Kurzform: Elvira Polkehn hat sich am 13. Januar mit ihrem Mann, einem Versicherungsvertreter, am Wandsbeker Markt zum Essen in einem Restaurant verabredet. Als die dunkelhaarige Frau in dem roten Mantel und der schwarzen, golddurchwirkten Bluse sieht, dass ihr Mann von seiner Kollegin Carmen begleitet wird, bricht sofort ihre alte Eifersucht auf: »Wirklich sehr nett, dass du deine Flamme gleich mit zum Essen bringst. Ich hätte mir den Abend mit dir eigentlich etwas anders vorgestellt, aber wie du meinst. Guten Appetit, ihr beiden. Da will ich euch mal nicht länger stören.«

Die Frau im roten Mantel ist nicht bereit, sich von ihrem Mann umstimmen zu lassen. Sie taucht wutentbrannt ab ins vorweihnachtliche Halbdunkel Hamburgs. Seither bleibt Elvira Polkehn verschwunden – und mit ihr 5900 Mark, die ihr Mann für den Verkauf seines Autos erhalten hat. Elvira Polkehn hat das Geld in ihre Umhängetasche gesteckt, um es bei der Bank einzuzahlen. Dort aber geht das Geld nicht ein. Es wird vermutet, dass es noch in der Handtasche steckte, als die Frau mit ihrem Mann zum Essen verabredet war – und verschwand.

Lutz Seifert kannte Elvira Polkehn. Sie war einst seine Kollegin gewesen. Als Seifert in den siebziger Jahren Geselle bei Kürschnermeister Kloeßer war, arbeitete Elvira Polkehn dort als Pelznäherin. Mehrere Jahre hielten die beiden Kontakt, beide lebten im Stadtteil Rahlstedt. Und in der Nähe des Wandsbeker Marktes, wo die Frau nach dem Streit mit ihrem Mann im Januar 1991 verschwand, befand sich Seiferts Pelzgeschäft.

Anfangs geriet der Ehemann der Ermordeten in Verdacht. Doch mehrere Zeugen entlasteten den Versicherungsvertreter. Nach der Bergung der Säurefässer richtet sich das Augenmerk der Kriminalbeamten auch auf Lutz Seifert. Doch der Beschuldigte beteuert, zum fraglichen Zeitpunkt in Costa Rica gewesen zu sein. Stempel in seinem Reisepass bestätigen seine Angaben.

Das ist aber möglicherweise nur die halbe Wahrheit. Denn die Ermittler finden heraus, dass Seifert mehrere Pässe besitzt. Einer seiner Ausweise bleibt bis zuletzt verschwunden. Außerdem ist es ein offenes Geheimnis, dass man in Costa

Rica Stempelaufdrucke für seinen Pass auch kaufen kann, wenn man über die nötigen Verbindungen verfügt. Und Seifert hatte offenbar sehr gute Kontakte – zum Beispiel zu einem leitenden Beamten im Innenministerium.

Ein Detail des Falles Elvira Polkehn gibt der Polizei ein Rätsel besonderer Art auf: Sechs Tage vor dem Auftauchen der Leiche fand sich in einem Hamburger Briefkasten der Reisepass der Getöteten.

Dieser Umstand erinnert an einen anderen Fall: Am 14. August 1989 verschwand die wohlhabende Hausfrau Birgit Meier aus Brietlingen-Moorburg im Kreis Lüneburg, die 41-jährige Schwester des Hamburger LKA-Chefs Wolfgang Sielaff.

Mehrmals hatte die 22-jährige Tochter vergeblich bei ihrer Mutter angerufen. Eigentlich wollten die beiden an diesem Tag in einem Einrichtungshaus Möbel aussuchen. Als die Tochter schließlich nach dem Rechten sah, fand sie das Haus leer vor. Die Terrassentür stand offen, im Garten kamen die Katzen ihrer Mutter miauend auf sie zu. Sie waren offenbar schon lange nicht mehr gefüttert worden. Nichts sprach dafür, dass Birgit Meier Hals über Kopf verreist war. Ihr Auto stand in der Garage, kein Koffer war gepackt worden.

Suchaktionen mit Hubschraubern, Hundestaffeln und Booten auf dem Elbe-Seitenkanal nach der Leiche der schlanken blonden Frau verliefen erfolglos. Zunächst wurde auch gegen den Ehemann ermittelt, von dem die Vermisste getrennt gelebt hatte. Das fast schon übliche Vorgehen bei Fällen dieser Art. Doch der vage Verdacht erhärtete sich nicht. Später nahm die Polizei einen Friedhofsgärtner ins Visier, der schon mit neunzehn eine junge Frau entführt und vergewaltigt hatte und mit der Vermissten bekannt war. Er hatte am fraglichen Tag in der Nähe gearbeitet. Aber auch diese Spur führte nicht zum Erfolg. Auch die Sendung *Aktenzeichen XY ... ungelöst* und eine ausgesetzte Belohnung von 12 000 Euro halfen nicht weiter. Der Fall blieb ungelöst, Birgit Meier spurlos verschwunden.

Nur ihr Personalausweis tauchte wieder auf: Er wurde von einem Unbekannten in einen Briefkasten am Hamburger Hauptbahnhof geworfen – zwei Wochen nach dem Verschwinden der Besitzerin.

Die Säurefassmorde lassen nun auch diesen Fall in einem neuen Licht erscheinen. Besonders aufmerksam werden die Kriminalbeamten, als bekannt wird, dass Lutz Seifert allem Anschein nach am 14. August 1989 im Raum Lüneburg unterwegs war – in unmittelbarer Nähe des Wohnorts der Vermissten. Es heißt, er habe in Lauenburg seinen Pass verlängert und später in der Nähe von Lüneburg einen Freund besucht. Brietlingen hätte auf der Strecke gelegen.

Noch etwas anderes lässt bei dem rätselhaften Verschwinden Birgit Meiers an Lutz Seifert denken: Der Hamburger Pelzhändler war mit dem Hausarzt der Frau befreundet.

Die Verdachtsmomente sind so stark, dass der Kriminalbeamte, der in dieser Sache die Ermittlungen in Lüneburg leitet, für mehre Wochen zur Sonderkommission nach Hamburg abgeordnet wird.

Dennoch lässt sich der Tatverdacht nicht erhärten. Seifert beteuert, er sei in der fraglichen Zeit gar nicht in Deutschland gewesen, sondern mit seiner Tochter auf Mallorca.

Darüber hinaus gerät fast zeitgleich zu den Ermittlungen in Hamburg wieder der Friedhofsgärtner aus dem Raum Lüneburg ins Visier der Polizei. Als Polizeibeamte sein Haus und Grundstück im März 1993 durchsuchen wollen, flüchtet der Mann. Im Mai wird er schließlich in der Nähe von Heilbronn bei einer Verkehrskontrolle festgenommen, weil er in seinem Auto Waffenteile transportiert hat. Drei Wochen später erhängt sich der 47-Jährige in seiner Zelle. Eigentlich ein Hinweis darauf, dass der Inhaftierte mehr fürchtete als eine Verurteilung wegen Verstoßes gegen das Kriegswaffenkontrollgesetz. Doch nach dem Suizid werden die Ermittlungen gegen den Mann weitgehend eingestellt.

Manches bei der Polizeiarbeit erinnert an die Fälle Hildegard Kloeßers und Annegret Bauers. Auch der Fall Birgit Meiers wurde in den ersten Monaten von der Kriminalpolizei Lüneburg lediglich als Vermisstensache eingestuft. Dadurch verstrich möglicherweise wertvolle Zeit für kriminalistische Feinarbeit. »Das war schon ziemlich prekär«, findet auch Wolfgang Sielaff, der Bruder der Vermissten, der seinerzeit zwar das LKA in Hamburg leitete, aber auf die Arbeit der Kollegen in Lüneburg keinen direkten Einfluss hatte.

Auch der Tod der 25-jährigen Fernsehassistentin Gabriele Eckstein beschäftigt die Soko 924. Die junge Frau, Tochter des früheren *Spiegel*-Chefredakteurs Leo Brawand, ist 1985 nach einem Diskobesuch in Hamburg vor ihrer Haustür entführt, gefesselt, sexuell missbraucht und mit 42 Messerstichen getötet worden. Seifert kannte die blonde Frau aus einem Fitnessclub. An der Toten fanden sich Tierhaare, die möglicherweise von Pelzen stammten. Zudem hatte der mutmaßliche Mörder – wie Lutz Seifert – die Blutgruppe A.

Am 15. Mai 1987 schließlich ist die Staatsoper-Sekretärin Brigitte Mychalewski entführt worden. Kurze Zeit später werden Teile ihrer Leiche gefunden. Zwei Arme und eine Brust der 43-Jährigen waren in einem Wald vergraben worden.

Zuvor sind die Leichenteile laut Obduktion sauber abgesägt und tiefgefroren worden. Nach ihrem Verschwinden muss die Sekretärin noch vier Tage gelebt haben. In Seiferts Kellerverlies?

Die Soko-Mitarbeiter suchen in allen Fällen akribisch nach Berührungspunkten mit Seifert. Tatsächlich deutet immer wieder manches in die Richtung des früheren Pelzhändlers. Doch beweiskräftige Indizien für eine Anklage finden sich nicht.

15.

Bei der Auswertung der vielen Notizen und Merkzettel, die die Ermittler bei Seifert entdecken, stoßen sie auch auf die Telefonnummer von Hans M., einem älteren Herrn aus Basedow. Es stellt sich heraus, dass es sich bei dem Mann um einen Nachbarn des Tatverdächtigen handelt. Als die Kriminalbeamten den Rentner fragen, in welcher Beziehung er zu Seifert stand, lässt sie die Antwort aufhorchen: Auch ihn habe Lutz Seifert schon mal in seinem Atombunker gefangen gehalten, berichtet der 66-Jährige in stockendem Ton. Am 8. August 1991 sei das gewesen, er erinnere sich noch genau. Da habe Seifert ihn in sein Haus am Dompfaffenweg in Hamburg eingeladen. Da er recht gut Englisch spreche, habe sein Nachbar ihn gebeten, für ihn zu dolmetschen. Er erwarte irgendwelche Ausländer, die von ihm Ländereien in Costa Rica kaufen wollten, habe Seifert gesagt.

Dann sei alles ganz anders gekommen: Der Tisch sei gedeckt gewesen, aber die für 20 Uhr bestellten Besucher seien ausgeblieben. Stattdessen habe Seifert ihm sein Anwesen gezeigt. Auch den Atombunker. Nichts Böses ahnend sei er dem Hausherrn in das Gemäuer gefolgt, und wie aus heiterem Himmel sei der auf einmal über ihn hergefallen. »Zuerst hat er mich niedergeschlagen, dann hat er mich an ein Rohr gefesselt.«

Später habe Seifert ihn in einen zurückliegenden Bunkerraum geschleift und seine Hände an ein Eisenbett angekettet. Schließlich habe er viel Geld von ihm verlangt: 160 000 Mark! Seifert habe ihn aufgefordert, ein Tonband zu besprechen, das seiner Frau vorgespielt werden sollte. Die nämlich sollte das Lösegeld beschaffen. Doch da habe er sich geweigert, sagt der frühere Ingenieur. Seine Frau habe

SOKO 924

Herzprobleme, habe er gesagt, außerdem könne er gar nicht so viel Geld lockermachen, vollkommen unmöglich sei das. »Ich habe wirklich alle Register gezogen«, sagt der Mann.

Immer wieder sei Seifert hinausgegangen, um die Sterne zu befragen oder sich astrologischen Rat zu holen. Und die Sterne hätten offenbar nicht gut für ihn gestanden. Auf jeden Fall habe Seifert ihn gegen halb drei Uhr in der Nacht freigelassen. »Er hat richtig geweint, sich zehnmal entschuldigt und gesagt, dass es ihm leid tut«, berichtet Hans M. Er habe ihm denn auch keine Vorhaltungen mehr gemacht. »Ich war froh, dass ich da raus war.«

Warum er sich nicht an die Polizei gewandt habe? »Es ist ja nichts passiert, und so ohne weiteres zeigt man ja seinen Nachbarn auch nicht an.« Vor allem aber, räumt der Mann weinend ein, sei ihm das Ganze furchtbar peinlich gewesen.

Bei der Sonderkommission meldet sich eine 68 Jahre alte Frau, die ähnliches erlebt hat. Gisela T. zählte zu den Klientinnen von Seiferts Frau. Die Rentnerin hatte deren Dienste als Steuerberaterin in Anspruch genommen. Seifert wusste somit, dass die Dame Geld hatte. Er bot sich als Anlageberater an und lud Gisela T. ein, mit ihr in die Schweiz zu fahren, um dort ihr Kapital anzulegen. Steuerfrei und gewinnbringend. Als die Frau dann aber zu ihm in den Dompfaffenweg kam, um die Modalitäten der Reise zu besprechen, führte er auch sie in seine Bunkerräume. Wie bei seinem Nachbarn aus Basedow verlangte Seifert von der Rentnerin ein hohes Lösegeld. Doch auch in diesem Fall standen die Sterne so schlecht – oder gut –, dass sich der Kürschner entschloss, seine Gefangene freizulassen. Da die Frau fürchtete, wegen der geplanten Reise ins Schweizer Steuerparadies Scherereien mit der Finanzbehörde zu bekommen, verzichtete auch sie auf eine Anzeige.

16.

Durch eine Indiskretion aus Polizei- oder Justizkreisen kann das *Hamburger Abendblatt* am 14. März 1993 Auszüge aus einem Brief veröffentlichen, den Seifert einer Freundin aus der Untersuchungshaft geschrieben hat:

»Liebe X …,
ich habe sofort geschrieben. Es sind jetzt schon drei Briefe, die von der Polizei abgefangen worden sind. Ich versuche es aber immer wieder auf verschiedene Weise. […] Es ist eine Frechheit der Polizei, es für meine Bekannten so einfach als Tatsache hinzustellen! Aber durch diesen Schock erzählen natürlich Leute wie du alles. Vom Sex bis zum Haus in C. R. [Costa Rica].«

Seifert berichtet von den Prognosen eines Astrologen, zu dem er über seine Anwälte Kontakt hält: »Es wurde mir gesagt, ich werde noch eine grausame Erfahrung machen. Aber es geht gut aus. Ich werde später nicht mehr in Deutschland leben.«

Erneut warnt Seifert in einem Brief, beim Schreiben vorsichtig zu sein und auch sonst darauf zu achten, dass die Polizei nicht zu viel mitbekommt: »Keinen Anruf an meinen Freund G. Es könnte sein, dass Deine Post und Telefon überwacht werden.«

Energisch beteuert der Untersuchungsgefangene seine Unschuld:

»Wo kein Mord war, kann auch kein Mörder sein. Ich bin kein Mörder. Es muss ein Freispruch werden. Ich hoffe, wenigstens du wirst noch zu mir halten. Oder glaubst du den Quatsch?«

Später wird sogar ein Gedicht bekannt, das der Kürschnermeister angeblich in seiner Zelle geschrieben hat:

»Wo niemals scheint die Sonne,
wo niemals wohnt das Glück.
Dort ist mein Haus im Augenblick.«

17.

Das Doppelleben des beliebten Pelzhändlers wirft unterdessen viele Fragen auf. Haben die nächsten Angehörigen wirklich nichts davon mitbekommen, dass Seifert in seinem Atomschutzbunker tage-, ja sogar wochenlang Frauen gefangen hielt? Haben sie nicht wenigstens gesehen, dass er Lebensmittel in den Bunker transportiert hat? Seine Frau und Tochter schütteln nur fassungslos den Kopf – und berufen sich auf ihr Aussageverweigerungsrecht.

Doch bei der Durchsicht der Asservate stoßen die Soko-Mitarbeiter auf allerlei Überraschungen. So findet sich eine aufschlussreiche Eintragung in der Handschrift Seiferts im Tagebuch seiner Tochter Andrea. Völlig unvermittelt heißt es da:

»Tonne, Säure, Eisen, Säge, ausheben, Zement ...«

Eine ganz besondere Herausforderung besteht für die Soko-Mitarbeiter darin, die Beziehung zwischen Seifert und Annegret Bauer aufzuhellen. Schließlich kristallisiert sich heraus, dass die beiden gemeinsam eine Reise nach Zürich unternommen haben. Annegret Bauer hat hier ein Konto eröffnet und zwei Schließfächer eingerichtet – mit Zugriffsberechtigung für Lutz Seifert. Sichergestellte Fotos dokumentieren dies.

Im Juli 1993 erhält Kriminalhauptkommissar Andreas Lohmeyer schließlich grünes Licht, um mit Soko-Leiter Asmußen nach Zürich zu reisen und die Schließfächer zu öffnen. Die Polizisten staunen nicht schlecht: Die Schließfächer bergen einen wahren Schatz: Neben Kontounterlagen und etlichen Aufzeichnungen sind darin zwölf Goldbarren aufbewahrt. Als Lohmeyer mit dem Koffer voller Gold auf dem Züricher Flughafen kontrolliert wird, muss er viel erklären, um nicht selbst in Verdacht zu geraten.

Zurück in Hamburg verabschiedet Lohmeyer sich vorübergehend von der Ermittlungsarbeit, um sich mit einem zweiten Studium auf den höheren Dienst vorzubereiten.

Die Sonderkommission 924 wird kurze Zeit später aufgelöst. Karla Sommer hat schon etliche Aktenordner an Staatsanwältin Angelika Hauser übergeben. Gleichwohl ist der Fall für die Kriminalbeamtin noch längst nicht abgeschlossen. Sie bleibt für Christa S. und Kürschnermeister Kloeßer sowie für die Mutter Annegret Bauers die zentrale Ansprechperson bei der Polizei, und so manches Fundstück in der Asservatenkammer der Polizei harrt nach wie vor der Auswertung. Vor allem aber besteht noch Klärungsbedarf hinsichtlich der vermissten oder toten Frauen, bei denen Seifert ebenfalls als Täter in Frage kommt.

Karla Sommer aber ist erst einmal mit Schreibarbeit beschäftigt. Sie hat es übernommen, einen Abschlussbericht für die Staatsanwaltschaft zu verfassen. Damit ist sie zwar im Unterschied zu ihren Kollegen von den übrigen Einsätzen vorerst noch freigestellt, wenn aber ein Wochenenddienst nicht besetzt werden kann, muss sie trotzdem einspringen.

Als sie im November 1993 die 87 Seiten ihres Abschlussberichts bei Staatsanwältin Angelika Hauser abgibt, ist ihre Hauptarbeit an den sogenannten Säuremordfällen aber abgeschlossen. Fortan muss sich die Kriminalbeamtin für Nachermittlungen bereithalten, sich aber auch anderen Mordfällen zuwenden, die sich in der Hansestadt ereignen.

Unterdessen erhebt die Staatsanwaltschaft Anklage gegen Seifert. Die 204 Seiten lange Anklageschrift listet 186 Zeugen und 17 Aktenbände auf; zudem 15 Sachverständige:

DNA-Experten, Gerichtsmediziner, Schriftgutachter, einen Linguisten und einen Psychiater.

Gleichzeitig soll weiter in den Fällen der ungeklärten Frauenschicksale ermittelt werden, die in Verbindung zu Seifert stehen.

Die Staatsanwaltschaft schickt Karla Sommer im Januar 1995 daher mehrere Kartons mit Akten zu den Fällen. Es geht um Elvira Polkehn, Gabriele Eckstein und Brigitte Mychalewski. Die Polizistin fühlt sich bestätigt, brennt förmlich darauf, auch diese rätselhaften Vermisstenfälle noch einmal mit Blick auf Lutz Seifert systematisch zu durchleuchten. Doch ihr Vorgesetzter ist von einer Neuauflage der Ermittlungen überhaupt nicht begeistert. Als der Dienststellenleiter die Aktensammlung bemerkt, stellt er seine Mitarbeiterin denn auch gleich zur Rede: »Was ist das denn?«

»Das sind die unaufgeklärten Fälle im Zusammenhang mit Lutz Seifert.«

Doch die Reaktion ist nicht eben ermutigend. »Die Akten stellen Sie man erst mal zur Seite«, entscheidet der Dienststellenleiter. »Dafür haben wir jetzt keine Zeit. Wir haben genug mit unseren übrigen Mordermittlungen hier zu tun.«

Karla Sommer bleibt stumm, ballt aber heimlich die Fäuste. Es ist nicht das erste Mal, dass ihr Chef sie abkanzelt, als wäre sie eine lästige Bittstellerin – ebenso unfähig wie uneinsichtig. Mit keinem Wort hat der Leiter der Mordkommission ihre wegweisende Leistung bei der Überführung Seiferts gewürdigt. Und jetzt, wo die Ermittlungen in eine neue Phase gehen könnten, soll es in dem alten Stil weitergehen? Die Euphorie, die sie mit Blick auf den Auftrag der Staatsanwaltschaft gerade noch so beflügelt hat, entweicht wie die Luft aus einem geplatzten Reifen. Und sie weiß, dass sie unter diesen Bedingungen nicht weiterarbeiten will.

Als kurze Zeit später ein Kollege anruft und fragt, ob sie Lust habe, in einer neuen Dienststelle mitzuarbeiten, bekundet sie gleich lebhaftes Interesse. Noch in der folgenden Nacht entscheidet sie sich zum Wechsel in die Abteilung »Dienstinterne Ermittlungen«. Schon zwei Wochen später ist die Versetzung gebilligt.

III Der Prozess

1.

An einem kalten Januartag des Jahres 1995 beginnt vor dem Landgericht Hamburg der Prozess gegen Lutz Seifert. Der erfahrene Jurist Gerhard Schaberg, Vorsitzender der Großen Strafkammer 22, leitet das Verfahren, das bereits auf mehr als acht Monate terminiert ist. Den Angeklagten begleiten gleich drei namhafte Verteidiger: Leonore Gottschalk-Solger, Klaus Martini und Uwe Maeffert – alles Anwälte, die der Angeklagte selbst ausgewählt hat, später aber zu Pflichtverteidigern bestellt werden.

Die Prozessbesucher stehen an diesem 10. Januar lange vor Verhandlungsbeginn Schlange. Der Medienandrang ist gewaltig, mehr als vierzig Reporter, Fotografen und Kameraleute drängen sich in Saal 390. In den Boulevardzeitungen ist von einem »Jahrhundert-Prozess« die Rede. Mit »Gruselcharakter«, wie es heißt.

Als die noch junge Staatsanwältin Angelika Hauser die Anklage verliest, scheinen sich auch die grausigsten Vorberichte zu bestätigen. Danach entführte der Angeklagte Hildegard Kloeßer am 12. März 1986 aus ihrem Haus in der Ulzburger Straße, raubte Schmuck und Bargeld in Höhe von 20 840 Mark, sperrte die Frau in einen Hinterraum seines Atombunkers, fesselte, knebelte und quälte die 61-Jährige. Es bedarf keiner großen Fantasie, um zu erahnen, welche Schmerzen und Todesängste die Kürschnerfrau ausgestanden haben muss, während ihr Entführer sie mit

Schraubzwingen folterte oder Wäscheklammern an ihren Brustwarzen anbrachte, wie die Anklage darlegt. Am Ende der mehrtägigen Tortur, führt die Staatsanwältin aus, habe der Angeklagte sein Opfer getötet, mit einer Fleischersäge zerteilt und die Leichenteile in ein mit Säure gefülltes Fass gestopft und schließlich vergraben.

Ähnliches widerfuhr laut Anklage auch Annegret Bauer. Unter einem Vorwand lockte Seifert seine Bekannte demnach am 5. Oktober 1988 in sein Haus in Hamburg-Rahlstedt, kettete sie in seinem Atombunker an, missbrauchte und folterte sie. Seifert habe die junge Frau mit einer Reitgerte ausgepeitscht und sie wie eine Mumie in Klebeband gewickelt, berichtet die Staatsanwältin. Außerdem habe er sie mit einem Damenstrumpf geknebelt und unter der Decke aufgehängt. Um die Frau zu demütigen, habe er ihr zusätzlich die Haare geschoren. Zu allem Überfluss habe er sie gezwungen, ihre Ängste und Leiden auf Band zu sprechen, vorformulierte Briefe und Karten an ihre Angehörigen zu schreiben. Bevor er sie umbrachte, habe er Polaroid-Aufnahmen von der Gefolterten angefertigt. Wie bei Hildegard Kloeßer habe er auch den Leichnam Annegret Bauers zersägt und in Säure aufgelöst, das Fass aber nicht in Hamburg, sondern auf dem Grundstück seines Wochenendhauses in Basedow vergraben.

Vergleichsweise unspektakulär nehmen sich im Verhältnis dazu die beiden Fälle räuberischer Erpressung aus, deren Opfer die Tat überlebten. Sie sind als Zeugen vorgeladen: die Rentner Hans M. und Gisela T., die der Kürschner unter Vorspiegelung falscher Tatsachen in seinen Atomschutzbunker gelockt hatte, um Geld für ihre Freilassung zu fordern.

Lutz Seifert ist in Handschellen durch einen Sicherheitstunnel in den Gerichtssaal geführt worden – bekleidet mit einem hellgrauen Anzug aus Wildseide, weißem Hemd und geblümter Krawatte; begleitet von seinen Strafverteidigern. Der stämmige Angeklagte presst die Lippen zusammen, streicht sich über den krautigen Vollbart, schüttelt den Kopf und gibt auch durch hinausgeschleuderte Lautäußerungen zu verstehen, für wie abwegig er die Vorhaltungen hält. »Quatsch«, murmelt er immer wieder, als ginge es nur um ein albernes Gerücht. »Blödsinn.«

Nachdem er fünfzig Minuten lang den Ausführungen der Staatsanwaltschaft gelauscht hat, erhebt er sich und verliest eine Erklärung in eigener Sache:

»Hier werden Fakten benutzt, um eine Phantasieanklage auf die Beine zu stellen. [...] Ich habe keine Menschen getötet, werde aber von einem Teil der Medien unter Mitwirkung von Polizei und Staatsanwaltschaft als Monstrum hingestellt. Ich bin weder ein Monstrum noch ein Mörder. Zu meinen sadomasochistischen Neigungen, die ich mit vielen Menschen teile, habe ich mich bekannt. Aber deswegen tötet man doch nicht. Mit Frau Kloeßer habe ich nie eine sexuelle Beziehung gehabt, mit Annegret Bauer eine jederzeit einvernehmliche.«

Die Stimme klingt oft piepsig, bisweilen aber auch quäkig oder schrill. »Später werde ich mich zu allen Fragen äußern«, kündigt der Angeklagte mit dem bleichen Gesicht an.

Nach einer Stunde ist der erste Verhandlungstag beendet.

Karla Sommer gehört zu diesem Zeitpunkt noch der Mordkommission an. »Ihr« Fall ist durch die Berichterstattung über den Mordprozess dieser Tage in Hamburg zum Gesprächsthema Nummer eins geworden.

2.

Eine der ersten Zeuginnen, die in diesem Mordverfahren gehört wird, ist Christa S. Anders als im vorangegangenen Prozess zweifelt die Strafkammer jetzt nicht mehr daran, dass sie die Wahrheit sagt, wenn sie von ihren Ängsten spricht. »Manchmal habe ich heute noch Albträume«, sagt die Hamburgerin. »Dann wache ich auf und denke, ich liege an der Kette.« Besonders die Folter-Fotos hätten sich tief in ihre Seele eingebrannt, berichtet die Rentnerin unter Tränen: »Wenn eine Frau am Haken hängt, das vergisst man nicht.«

Mit aller Kraft habe sie damals in ihrem Verlies gegen ihre Ängste angekämpft, sagt die Zeugin. Denn gerade an ihrer Furcht und Panik habe er sich ja berauscht. »Wenn ich Angst zeigte, kriegten seine Augen einen anderen Ausdruck.« Sie habe sich daher bemüht, stark zu sein. Das habe den Kerl vielleicht aus dem Konzept gebracht – und sie gerettet.

Tatsächlich deutet inzwischen alles darauf hin, dass Seifert fest entschlossen war, auch Christa S. zu töten. Andernfalls hätte er der Entführten vermutlich kaum sein Gesicht gezeigt und es damit riskiert, dass sie ihn später identifizieren würde. Auch die leeren Säurefässer, die sich auf seinem Grundstück fanden, lassen den Schluss zu, dass noch ein weiterer Mord geplant war.

Der Angeklagte lässt kaum eine Regung erkennen, während Christa S. ihre Aussagen macht. Nur leise fauchend gibt er zwischendurch abwertende Kommentare wie »Quatsch« zum Besten.

Die Prozessbesucher dagegen zeigen sich bewegt. Auch als Kurt Kloeßer den Zeugenstand einnimmt und erzählt, wie sein Leben am 12. März 1986 zum Albtraum wurde. »Nach dreiunddreißig Ehejahren lag da nur dieser Zettel auf dem

Tisch«, sagt der 72-Jährige. »Von diesem Tag an habe ich nicht mehr aufgehört, sie zu suchen. Ich hatte ja immer die Hoffnung, dass sie lebt. Das war zum Verrücktwerden, das lässt sich einfach nicht mit Worten beschreiben.«

Kloeßer müht sich, den Angeklagten durch Missachtung zu strafen, und blickt sofort wieder in eine andere Richtung, wenn seine Augen den früheren Angestellten dennoch einmal streifen.

Margarete Röhl wird ebenfalls gehört. Mit fester Stimme erzählt die Mutter Annegret Bauers von der letzten Begegnung mit ihrer Tochter. »Sie hat mich besucht und ist dann abends zum Kegeln gegangen«, sagt die rüstige Witwe in der gelben Bluse und dem dunkelblauen Blazer. Am nächsten Tag müsse sie nach Konstanz, habe Annegret angekündigt. Geschäftlich. Danach sei sie verschwunden. »Dabei wollte sie am Wochenende noch mit Freunden zur Weinprobe ins Elsass fahren.« Schließlich habe ihr Freund in Hannover dieses Fax bekommen: Dass sie ihn verlasse, weil sie einen anderen Mann kennengelernt habe. Als sie davon erfahren habe, sei sie sofort zum Haus ihrer Tochter in den Stadtteil Jenfeld gefahren. Dort habe sie den allseits bekannten Zettel auf dem Tisch gefunden, bestimmt für die Putzfrau: »Ich ziehe aus, alles Gute für Sie persönlich.«

Einen regelrechten Stich ins Herz habe es ihr versetzt, als sie den Plüschhund entdeckte, der von Annegret auf dem Nachttisch zurückgelassen worden war. »Ihren geliebten Mopsi.« Darauf habe sie »die Panik« gekriegt und einen »kriminellen Hintergrund« vermutet, sagt die alte Dame schwer atmend. »Da war ich mir sicher, dass da was nicht stimmen kann.« Aber niemand bei der Polizei habe ihr geglaubt. Kein Mensch. Und dann diese Briefe und Karten mit den vielen Fehlern! Wo Annegret doch so gut schreiben konnte.

Schon damals habe sie das Gefühl gehabt, dass Seifert dahinter stecken könne. »Der redete ja genau in dem Stil, in dem die Briefe geschrieben waren.« Einmal zum Beispiel habe er über Annegret gesagt: »Die hat einen wachen Verstand.« Kurze Zeit später stand in einem der Briefe in Annegrets Handschrift: »Ich habe einen wachen Verstand.« Zufall? Wohl kaum!

Bevor die Zeugin den Sitzungssaal verlässt, steuert sie eigenmächtig auf den Angeklagten zu und spricht ihn mit leiser, aber eindringlicher Stimme direkt an: »Guck mich mal an.« Doch Seifert hält den Kopf gesenkt und ignoriert die Aufforderung.

Auch zwanzig Jahre später hat Margarete Röhl die Szene nicht vergessen.

»Ich hätte ihm ins Gesicht gespuckt, wenn er mich angeguckt hätte. Aber so abgebrüht war er wohl doch nicht.«

Margarete Röhl muss noch ein zweites Mal vor Gericht erscheinen – diesmal, um die sichergestellten Habseligkeiten ihrer Tochter zu identifizieren: eine Armbanduhr, die Annegret einst zu Weihnachten bekommen hat, einen Ring, den ihr eine Nachbarin schenkte, einen grauen Rock. Die 73-Jährige erinnert sich, wie Annegret einmal in diesem Rock aus ihrem weißen Golf gestiegen war: »Sie hatte so wunderschöne Haare, und sie war stolz drauf ...«

Es wird für alle Prozessbeobachter spürbar, welche Kraft diese Frau aufbringen muss, um ihre Stimme unter Kontrolle zu halten. Nicht alles, was der Vorsitzende Richter Gerhard Schaberg von ihr wissen will, hat sie noch genau in Erinnerung. Nach sechseinhalb Jahren! Irgendwann reißt ihr der

Geduldsfaden, und sie zeigt auf den Angeklagten: »Vielleicht weiß der es ja.«

Doch der Angeklagte schweigt, bleibt bei seiner Erklärung, die er beim Prozessauftakt vorgetragen hat. Dafür sprechen andere. Zum Beispiel sein Astrologe Jean Paul Zamora. Dass Seifert von reichen Frauen geschwärmt, seine eigene Ehefrau aber gehasst habe. Dass er um astrologische Hilfe bei der Schatzsuche in Costa Rica gebeten habe. Und der Sterndeuter lässt düster anklingen, er habe vorausgesehen, wie schlimm das alles enden werde.

Die Begegnung mit bestimmten Menschen aus seinem früheren Leben macht dem Angeklagten offenbar Angst. Dies gilt vor allem für Annegret Bauers Ex-Mann, mit dem Seifert einmal so eng befreundet war, dass der ihn als Trauzeugen auswählte. Als Jochen B. jetzt als Zeuge vorgeladen wird, bittet Seifert in einem Schreiben an das Gericht, »kräftige Beamte« im Sitzungssaal zu postieren.

Doch seine Befürchtungen erweisen sich als grundlos. Der frühere Freund beschränkt sich auf seine Aussagen – und tritt der Darstellung entgegen, Annegret habe sich von Seifert sexuell angezogen gefühlt. Im Gegenteil: »Er war ihr viel zu aggressiv und ungebildet.«

Oft habe Seifert mit Frauen und Freunden über Friedhöfe gesprochen, berichtet der 46-Jährige. »Er hat gesagt, dass er Bestattungsunternehmer werden will.« Das habe Zukunft, sei nicht so von Moden und Trends abhängig wie der Pelzhandel. »Gestorben wird immer.«

Auch Seiferts Halbbruder Gerd K. und seine Schwägerin aus Rostock sagen aus. Als der Rostocker Arzt berichtet, sein Bruder habe wahrscheinlich Drogen genommen, verliert der Angeklagte einen Moment lang die Selbstbeherrschung.

»Wie kannst du so was sagen?«, ruft Seifert erregt. »Wir

haben uns doch kaum gesehen. Jeder Tankwart, jeder Bäcker an der Ecke kennt mich besser als du.«

Aufgebracht reagiert der Angeklagte auch, als eine frühere Freundin sagt, er habe ihr ein Armband geschenkt, in das der Name »Annegret« eingraviert war. »Ich sollte lieber keine Fragen stellen, dann bekäme ich auch keine Probleme«, habe er ihr gesagt.

Als die Zeugin sich später auf Nachfragen des Richters korrigieren muss, reißt Seifert der Geduldsfaden: »Wenn du es nicht mehr weißt, kannst du doch hier nicht irgendwas behaupten, das gegen mich spricht, verdammt noch mal.« Als der Richter ihn zur Ruhe ermahnt, wird der Angeklagte noch ungehaltener: »Gott, was ist das hier bloß für ein Zirkus!«

Es kommt noch dicker. Als der Kriminalbeamte Josef Tielsch am 22. Februar 1995 dem Gericht von einer Vernehmung Seiferts berichtet, gerät der Angeklagte derart in Rage, dass er einen Asthma-Anfall bekommt. »Schweine! Ihr verdreht doch alles«, schreit er, springt auf und ringt um Atem.

Seifert habe ihm gesagt, wenn er Leichen verstecken wolle, gehe er nachts auf den Friedhof, hat der Polizist zuvor berichtet. »Das habe ich natürlich sarkastisch gemeint«, entgegnet der Angeklagte jetzt entnervt – und greift, am ganzen Körper zitternd, in seine Jackentasche, um sein Inhalations-Spray herauszuholen. Der Prozess muss fünfzehn Minuten unterbrochen werden.

3.

Auch Karla Sommer wird vorgeladen. Die Kriminalbeamtin, mittlerweile mit internen Ermittlungen gegen Kollegen beschäftigt, berichtet von einem Besuch in Seiferts Atombunker. Furchtbar beklemmend sei das gewesen, sagt die Polizistin: »Der Keller war wie ein Irrgarten, ich habe mich kaum darin zurechtgefunden. Wie ein Labyrinth. Die Gänge waren lang und verwinkelt.« Etwa zehn Meter lang sei die unterirdische Anlage gewesen – mit Vorflur, Hauptraum und hinterer Kammer. Nur kriechend durch eine etwa achtzig mal achtzig Zentimeter schmale Luke habe man den hinteren Raum erreichen können, sagt die Kriminalbeamtin. Ein Tisch und ein Bett hätten darin gestanden. Aber das sei nicht alles gewesen. »Alles war zugestellt, total chaotisch hat es da ausgesehen, die Regale voll mit Medikamenten und Windeln.« Es erübrigt sich, hervorzuheben, dass die Windeln den gefesselten Frauen offenkundig dazu dienten, ihre Notdurft zu verrichten. Denn eine Toilette stand ihnen gewiss nicht zur Verfügung.

Offiziell habe es das Kabuff gar nicht gegeben, fügt die Polizistin an. Das Bauamt jedenfalls habe nichts von dem Raum gewusst.

Der Zeuge Hans M. verbindet nach wie vor die schlimmsten Stunden seines Lebens mit dem Atomschutzbunker am Dompfaffenweg. Der Rentner berichtet, wie Seifert ihn auf sein Anwesen gelockt, niedergeschlagen, gefesselt und erpresst hat. Doch der Angeklagte widerspricht. »Er sollte bei meinen Geschäften einsteigen«, beteuert Seifert. Es klingt fast ein wenig verächtlich – so als habe ihn Hans M. enttäuscht, bevor er ihn dann seiner gerechten Strafe zuführte. Ohne Frage hätte der Mann sich aus eigener Kraft nicht aus seinem Keller befreien können, räumt der Angeklagte ein: »Er hätte sich die Seele rausschreien können, keiner hätte ihn im Bunker gehört.« Das hört sich an, als müsse sein einstiger Nachbar zutiefst dankbar dafür sein, dass er ihn schließlich rausgelassen habe.

Unter den knapp zweihundert Zeugen ist ein Kriminalbeamter, der dem Angeklagten einmal freundschaftlich verbunden war: Uwe G. Der 39 Jahre alte Kriminalkommissar sagt denn auch vor Gericht aus, dass er nicht nur im selben Schwimmverein wie Lutz Seifert war, sondern zudem der gleichen Clique wie der Pelzhändler angehörte. Sofort sei ihm Lutz eingefallen, als er gehört habe, dass Annegret so völlig überraschend verschwunden sei. Seifert habe ihn dann auch in sein Reihenhaus eingeladen, um ihn »aufzuklären«, wie er damals gemeint habe.

»Annegret hat einen Freund im Ausland. Das will ihre Mutter einfach nicht begreifen. Das ist keine Vermisstensache, Uwe. Das kannst du mir wirklich glauben«, habe Seifert ihm gesagt. Er wolle ihr Auto für sie verkaufen.

Daraufhin, sagt Uwe G., habe er Seifert geraten: »Lutz, da musst du offiziell was zu sagen.«

Aber Lutz habe nur energisch den Kopf geschüttelt: »Halt mich da raus, ich will nichts damit zu tun haben. Das ist nicht mein Ding. Okay?«

Er habe das alles »ziemlich komisch und obermerkwürdig« gefunden, berichtet der Kriminalbeamte, der in der gleichen – rückblickend betrachtet kritischen – Zeit auch einen Brief in der Handschrift Annegrets mit ähnlichem Tenor bekommen hatte. Trotz der Merkwürdigkeiten sei die »Vermisstensache Annegret Bauer« dann damals eingestellt worden, sagt der Polizist. Das sei sicher »nicht so glücklich« gewesen, räumt der Zeuge ein.

Nur Eingeweihte wissen, dass der Kriminalbeamte hinter den Kulissen maßgeblich selbst dafür gesorgt hat, dass nicht weiter nachgeforscht wurde – und der Freund somit ungeschoren blieb. Vieles spricht dafür, dass Annegret Bauer in ihrem Kellerverlies noch Todesängste ausgestanden hat, während ihr Peiniger eine Etage höher mit seinem Freund von der Kripo ein Glas Bier trank.

Aber darum geht es in diesem Prozess nicht. Und der Richter lässt in seiner Befragung durchblicken, dass er keine Vorwürfe gegen den Kriminalbeamten erhebt, sondern Verständnis für dessen Arglosigkeit zeigt. »Hinterher ist man natürlich immer klüger ...«

4.

Gehört werden auch Zeugen der Verteidigung. Ein Bekannter Seiferts zum Beispiel erzählt von einem sexuellen Abenteuer im Atomschutzbunker, bei dem er zugegen war. »Da ist auch eine Frau ans Bett gefesselt worden, das schon«, räumt der Zeuge ein. Aber das sei nur ein Spiel gewesen. »Sie war freiwillig im Keller.« Ganz normaler Geschlechtsverkehr sei das gewesen. Danach habe Seifert sie nach Hause gefahren. Eine Episode aus der Welt des alltäglichen Sadomasochismus, der stets im Hintergrund der gerichtlichen Klärungsversuche steht.

Der Prozess zeigt immer klarer, dass es Seifert an Freundinnen oder zumindest schnell wechselnden Sexualbeziehungen nicht mangelte. Viel Bitterkeit dagegen klingt in einem Brief an seine Frau an, den er aus seiner Zelle heraus geschrieben hat:

»Bei Dir ist schon alles klar, dass ich nach Ochsenzoll (Psychiatrie) komme oder lebenslänglich kriege«, heißt es da. »Aber sei Dir nicht so sicher. Wo es keinen Mord gibt, ist auch kein Mörder.«

Annegret Bauer sei Opfer der »Organ-Mafia« geworden, teilt Seifert seiner Frau mit. »A. B. wollte immer nur reiche Männer«, schreibt der Gefangene. »Ich habe sie ihr vorgestellt, und das wurde ihr zum Verhängnis.«

Im Gerichtssaal dagegen hüllt sich der Angeklagte auch nach Verlesung des Briefes vorerst weiter in Schweigen, wenn es um die zentralen Anklagepunkte geht.

Dann aber wird das Tonband abgespielt, auf dem Annegret Bauer zu hören ist. Die Prozessteilnehmer halten den Atem an, während die Frau von ihren Leiden spricht – mit einer Stimme, die immer kraftloser wird. Immer matter: »Jetzt werde ich auch noch auf das Brutalste geknebelt. Ich habe panische Angst, aber das ist ihm offenbar egal ...« Voller Ekel schildert die Frau, wie sie von ihrem Peiniger vergewaltigt wird. »Er will mir ein Kind machen«, sagt sie in apathischem Ton. Die Stimme klingt, als käme sie aus dem Jenseits.

Manchmal hat es den Anschein, dass Annegret Bauer den Text, den sie spricht, abliest. An einer Stelle deutet sie dies sogar selbst an: »Auch wenn das hier wie abgelesen klingt: Du weißt, dass ich nicht gut formulieren kann.« Einer ihrer Bekannten, der später dazu befragt wird, zeigt sich von der vermeintlichen Selbsteinschätzung erstaunt: »Ich habe sie ganz anders kennen gelernt. Sie war eine sehr eloquente Frau.«

Der Angeklagte nutzt die Verwirrung, indem er betont, alles sei nur abgelesen – aus einem Sadomaso-Buch, das in Deutschland nicht auf dem Markt sei. Die Stellungen habe er mit Annegret nachgespielt. »Es wirkt für Außenstehende vielleicht brutal, aber wenn es einer aus der Szene hören würde, würde er sagen: Da ist doch gar nichts passiert«, erklärt Seifert. Und mit seiner piepsigen Stimme fügt er an: »Das ist Sadomaso soft.«

5.

Doch allen Unschuldsbekundungen zum Trotz: Dass Seifert die beiden Frauen getötet hat, bezweifelt kaum jemand im Gerichtssaal. Die Obduktion der Leichenreste, die zahlreichen Fundstücke, die Briefe und Karten, die Kontobewegungen, die Zeugenaussagen, die Gutachten fügen sich zu einem Mosaik mit schlüssiger Beweiskraft. Unklar dagegen ist, was genau der Angeklagte seinen Opfern angetan hat. Die Erklärungen des Beschuldigten jedenfalls muten ebenso unwahrscheinlich wie dürftig an.

Glaubt man den Aufzeichnungen eines Mitgefangenen, hat der Angeklagte die zurückliegenden Ereignisse schon mal ganz anders dargestellt. In einer Art Tagebuch von 37 Seiten jedenfalls schildert der 35 Jahre alte Häftling Frank Weißgerber detailliert, was Seifert ihm angeblich über die beiden Frauenmorde gesteckt hat. Doch die Glaubwürdigkeit des Mitgefangenen ist umstritten. Weißgerber, der bereits zu einer lebenslangen Haftstrafe verurteilt worden ist, hat in der Justizvollzugsanstalt Fuhlsbüttel noch einen weiteren Mord verübt. Weil er den Mitgefangenen Dieter Janik tötete, ist er daher bereits ein zweites Mal zu lebenslang verurteilt worden. Zu einer »Person der Justizgeschichte«, wie die Verteidiger sagen, ist er schon in jungen Jahren geworden. Vor seiner Flucht in den Westen soll der einstige Schäfer aus der DDR 1982 in der Nähe von Magdeburg einen Raubmord begangen haben. In der Bundesrepublik wurde er erst freigesprochen, dann verurteilt.

Aber das ist Vergangenheit. Jetzt soll der windige Zeuge zu allem Überfluss auch noch versucht haben, Seifert zu erpressen. Seiferts Verteidiger versuchen nun alles, um die Aussage des Mannes zu verhindern oder ein Verwertungsverbot zu erwirken. Auch Richter Schaberg lässt erkennen, dass er an der Glaubwürdigkeit des Gefangenen zweifelt und dessen angebliches Tagebuch für ziemlich dubios hält. Nicht einmal Weißgerber selbst will am Ende mehr gegen den früheren Knastkumpel aussagen. Doch Staatsanwältin Angelika Hauser besteht auf die Einbeziehung der Aufzeichnungen – dem einzigen Dokument, das Auskunft über die konkrete Ausführung der grausamen Taten zu geben verspricht. Und natürlich soll auch der Verfasser gehört werden. Ein juristisches Tauziehen beginnt.

Erst nach drei Monaten ist es entschieden. Am 11. Dezember 1995 wird das protokollartige Tagebuch des Gefangenen auf Drängen der Staatsanwaltschaft und auf Beschluss der Strafkammer hin verlesen. Es wird still im Saal. Die Prozessbesucher atmen entsetzt durch. Nach all den juristischen Nebengefechten der vergangenen Verhandlungstage lässt sich wieder erahnen, worum es in diesem Prozess eigentlich geht – mögen die Details auch zum Teil erfunden sein. Lutz Seifert hat Hildegard Kloeßer nach den Aufzeichnungen eine Woche lang gequält und missbraucht, bis er sie mit einem Strick erhängte, zersägte und in ein Säurefass steckte. Annegret Bauer soll von ihrem Peiniger laut Weißgerber in ihrem Verlies »vier Wochen nichts zu essen bekommen haben, damit sie besser ins Fass passt«, wie Seifert gesagt haben soll. Der Pelzhändler hat die Frau nach dem Bericht in seinen Bunker gelockt, an die Decke gefesselt, kahlgeschoren, geknebelt und praktisch verhungern lassen. Er »wollte immer schon mal einen Menschen sterben sehen«, habe Seifert ihm beim Hofgang anvertraut. Nur Vitamin- und Proteintabletten habe Annegret Bauer bekommen, will Weißgerber erfahren haben. Dadurch sei die junge Frau immer kraftloser und apathischer geworden und schließlich erstickt. Am Ende soll Seifert beide Frauen in einem Kinderschwimmbecken zersägt haben.

»Ich kann es nicht fassen, mit welcher Lustigkeit er dies alles beschreibt«, hält Weißgerber in seinem Tagebuch fest.

Auch Seifert lässt die Verlesung nicht kalt. Das Lächeln, mit dem er den Verhandlungssaal an diesem Dezembertag betreten hat, gefriert. Blass, fast regungslos lauscht er dem Protokoll des Mitgefangenen. Erst am Ende bricht es aus ihm heraus. »Alles phantastische Lügen«, kommentiert er mit seiner piepsigen Stimme. Auf achtzig Seiten habe er alles widerlegt. Haarklein.

»Ich werde den Frank als guten Romanerzähler hinstellen«, kündigt er dann auch zu Beginn des nächsten Verhandlungstages an. »Mit einer Zeugenaussage hat das nichts zu tun.« Unfair sei das. »Da setzt einer Lügen in die Welt und verschwindet dann in seiner Zelle.«

Doch Seifert belässt es bei solch vollmundigen Ankündigungen. Er werde erst Näheres ausführen, wenn seine Verteidiger dies für richtig erachten, sagt der Angeklagte. Auf eine präzise Entgegnung warten die Prozessbesucher somit vergebens. Dafür hören sie, dass Seifert und Weißgerber schon wochenlang heimlich im Gefängnis über den Preis des Schweigens verhandelt haben. »Ich wäre bereit, meine Aussage zu ändern«, soll Weißgerber dem Knastgenossen per Zettelpost angeboten haben. »Über den Preis lässt sich reden.« Allzu weit entgegenkommen könne er ihm aber nicht, teilt er Seifert mit. »Ich muss im Gefängnis ja auch von was leben.« Seifert solle sich das Angebot gut überlegen, denn es sei ja wohl keine Frage, »dass die Notizen der Wahrheit entsprechen«.

Um welche Summen es ging, klang in einer Antwort Seiferts an. Mehr als 3000 Mark werde er für sein Geschreibsel auch von der Presse nicht kriegen, schrieb der seinem Mitgefangenen.

Bei all dem Gefeilsche ist kaum mehr vorstellbar, dass die beiden einige Monate zuvor noch die dicksten Freunde waren. »Wir beide werden als die Aussätzigen der Gesellschaft angesehen, aber unsere Gefühle sind anders: Du bist mein Freund, und ich werde immer für dich da sein«, hatte Seifert damals in einem abgefangenen Brief an Weißgerber geschrieben. »Lass uns hart wie Stahl werden.«

Bei anderer Gelegenheit schrieb er Weißgerber: »Ich habe nur dich.«

Seifert änderte seine Meinung jedoch radikal, als ihm klar wurde, welchen Schaden ihm dieser »Freund« mit seinen Aufzeichnungen zufügen könnte. Mit bitterer Ironie verlieh er Weißgerber den »Meistertitel im Zerstören von Menschenleben«. Der Kerl habe sich die ganze Geschichte doch nur aus den Fingern gesogen und aus Presseberichten zusammengeschustert, um sich Haftvorteile zu erschleichen, klagte der Beschuldigte.

Wochenlang mühen sich nun Seifert und seine Verteidiger weiter, die Glaubwürdigkeit des einstigen Knastkumpels zu erschüttern. Mehrere Mitgefangene werden geladen, die bezeugen sollen, dass Weißgerber ein notorischer Lügner ist und angeblich gar keinen engen Kontakt zu Seifert hatte. Aber nicht jeder vermeintliche Entlastungszeuge trägt auch zur Entlastung bei. Manche wirken selbst allzu schillernd. Immer häufiger verliert der Angeklagte in der Folge die Nerven und empört sich lautstark gegen das Gericht und seinen Kontrahenten: »Der knallt das wie ein Evangelium auf den Tisch und wird zum Heiligen gemacht, weil er die Mordanklage bestätigt.«

Doch die Staatsanwaltschaft hält an Weißgerber als Zeuge

fest. Zu einem Verwertungsverbot kommt es nicht. Das »Tagebuch des Grauens« vermittelt den Prozessteilnehmern somit eine Vorstellung davon, was möglicherweise im Atomschutzbunker geschehen sein könnte – auch wenn das Gericht diese Quelle später in seiner Urteilsbegründung ausdrücklich in Zweifel ziehen und ausschließen wird.

6.

Eigentlich hat der Angeklagte sich mit seinen Verteidigern darauf verständigt, nur vorgefertigte Erklärungen abzugeben. Aber es entspricht einfach nicht dem Naturell des wortgewaltigen Kürschnermeisters, nur dazusitzen und zu schweigen. Schon vom ersten Prozesstag an hat der Angeklagte die Beweisaufnahme – durch unwirsches Brabbeln oder Zwischenrufe begleitet. Zum Leidwesen seiner Anwälte. »Er redete viel und gern und geriet dabei leicht ins Uferlose«, wird später Seiferts Verteidigerin Leonore Gottschalk-Solger in ihrem 2009 publizierten Buch *Die Strafverteidigerin. Erinnerungen* klagen.

Um den belastenden Schilderungen des Mitgefangenen etwas Substantielles entgegenzusetzen, beginnt der Angeklagte im Januar 1996 schließlich auch, über die strittigen Fragen zu sprechen. In dem Kinderbassin zum Beispiel habe er nicht etwa Frauen zersägt, sondern nur Sex-Spiele veranstaltet, stellt er klar. Weißgerber habe das alles verdreht. Dem habe er einfach nur erzählt, wie Sadomaso-Sex so ablaufe. Der habe gar nicht genug davon hören können.

Und bei den angeblich so grausamen Aufnahmen handle es sich eben auch nicht um Folterfotos, sondern um »ganz normale Fesselfotos«. Seit 1967 schon »betreibe« er Fesselspiele. »Noch nie ist was dabei passiert.«

Nein, wiederholt der Angeklagte noch einmal: Von Morden könne keine Rede sein. Seifert spricht stattdessen von »tragisch verrückten Umständen, die ich keinem Menschen wünschen würde«. Wie Annegret Bauer gestorben sei, werde er später noch mal etwas genauer erläutern.

Am nächsten Verhandlungstag bringt er dann – wie schon im Polizeiverhör – Dr. Pablo Vayer-Fernandez ins Spiel, einen Arzt aus Südamerika, der angeblich im internationalen Organhandel mitmischt. Annegret Bauer habe sich im September 1988 in den reichen Arzt verliebt, sagt der Angeklagte. »Sie wollte mit ihm nach Venezuela.« Sie sei »fast übergeschnappt« vor Glück, sagt Seifert und fügt mit ernster Miene an: »Heute weiß ich, dass das von Hypnose mit Voodoo-Kräutern gekommen ist.« Einmal sei er selbst mit dabei gewesen, als Pablo sie mit der Droge »Burundanga« gefügig gemacht habe, einer Kräuteressenz, wie sie angeblich Medizinmänner am Amazonas benutzen. »Die macht einen so willenlos, dass man jeden Befehl ausführt.«

Im Februar 1989 dann hätten Pablo und Annegret ihn in seinem Wochenendhaus in Basedow besucht. Zu dritt habe man da Sexspiele in der Sauna gemacht. Dabei habe er Annegret gefesselt. »Aber nur an den Händen.« Er brauche das, »um in Hochform zu kommen«. Plötzlich sei Annegret schwindlig geworden. »Sie sackte zur Seite, und wir haben sie dann auf einen Tisch gelegt.«

Was weiter passiert sei, wisse er nicht. »Ich habe keine Erinnerung mehr. Pablo hat mir irgendein Beruhigungsmittel gegeben.«

Vier Monate später habe er den Arzt in Venezuela wiedergetroffen. Dabei habe der ihm erzählt, Annegret Bauer sei an Kreislaufversagen gestorben. Später habe der Doktor die Leiche zersägt und in einer Regentonne im Garten vergraben – ohne zuvor die Organe zu entnehmen! Darüber habe er sich sehr gewundert. »Aber vielleicht fehlte ihm nur das Besteck oder die Kühltasche.«

Er selbst habe sich später heftige Vorwürfe gemacht. »Es war allein meine Schuld, dass ich damals nicht den Notarzt gerufen habe«, sagt der Angeklagte. »Aber ein geplanter

Mord war das nicht, und ich habe ihr auch nicht im Affekt das Leben genommen.«

Die meisten Prozessteilnehmer lauschen den Ausführungen des Angeklagten mit skeptischem Schmunzeln. Mit seinen kritischen Nachfragen gibt auch der Vorsitzende Richter zu verstehen, dass ihn die Schilderung nicht überzeugt. Wie der Doktor denn ausgesehen habe, will Schaberg wissen. Irgendetwas Auffälliges wie zum Beispiel eine Glatze? »Nein, ganz normal«, habe Pablo ausgesehen, sagt der Angeklagte: »Sehr volles schwarzes Haar und mittelgroß.«

Jens-Uwe Asmußen und seine Kollegen aus der früheren Soko werden daraufhin mit Nachermittlungen beauftragt. Sie checken Passagierlisten von Südamerika-Flügen der damaligen Zeit, nehmen Einsicht in Einreisedokumente und kontaktieren die Behörden in Venezuela. Aber ein Mann mit Namen Vayer-Fernandez findet sich nicht. Die Angaben reichen auch bei weitem nicht, den Wohnsitz des rätselhaften Doktors zu ermitteln. Und so bleibt Dr. Pablo Vayer-Fernandez ein Phantom, ein Geschöpf aus der abenteuerlichen Welt des vielgereisten Pelzhändlers.

Vergleichsweise schlicht bleibt Seifert dagegen bei der Darstellung der ersten Frauentragödie. Hildegard Kloeßer habe sich bei jenem unseligen Treppensturz das Genick gebrochen, wiederholt der Angeklagte. In seiner Panik habe er deren Leiche dann in ein Fass gestopft und im Keller aufbewahrt – direkt neben der Salzsäure. Und mit Blick auf die Kanister habe er sich gedacht: »Das ist die Lösung.«

Später im Garten habe er sich mit Taucheranzug und Tauchermaske vor der dampfenden Säure geschützt, die er ins Fass gekippt habe. »Ich wusste, wenn ich davon auch nur einen Atemzug nehme, ist die Lunge kaputt.«

Für den Fall, dass ihn jemand bei dieser Arbeit im Garten

seines Hamburger Reihenhauses beobachten sollte, habe er vorgesorgt: »Es sollte aussehen wie 'ne halbe Tonne Müll.«

In seiner Bekennerlaune macht Seifert jetzt auch kein Hehl daraus, dass er die Briefe und Karten in der Handschrift der Kürschnerfrau selbst verschickt hat, um sein Tun »zu vertuschen«.

Dies ist wohl auch der einzige Punkt, bei dem kaum jemand im Gerichtssaal Zweifel hegt.

Parallel zum Gerichtsverfahren ermitteln die früheren Soko-Mitarbeiter – auch ohne Karla Sommer – weiter in Sachen Elvira Polkehn, Birgit Meier und anderen ungeklärten Frauenschicksalen. Als Seiferts Verteidiger davon erfahren, legen sie im Gericht scharfen Protest ein und drohen, das laufende Verfahren platzen zu lassen. Die Staatsanwaltschaft weist die Kriminalbeamten daraufhin an, die Ermittlungen vorerst ruhen zu lassen. Erst einmal müsse es darum gehen, den laufenden Prozess zu Ende zu bringen. Das habe Vorrang.

Und in der Anklageschrift ist eben nur von zwei getöteten Frauen die Rede. Wenngleich auch hier noch manches unklar ist, besteht kaum mehr ein ernsthafter Zweifel daran, dass Seifert die beiden Frauen umgebracht hat. Das Gericht sieht daher auch keinen Grund, das Verfahren zusätzlich zu befrachten.

DER PROZESS

7.

Was ging in dem Angeklagten vor? Wie sind die Taten zu erklären, die ihm vorgehalten werden? War er Herr seiner selbst oder getrieben von krankhaften Fantasien und Stürmen der Seele? Vierzehn Monate nach Verhandlungsbeginn hat der Hamburger Psychiatrieprofessor Hans-Jürgen Horn die Frage zu beantworten, ob der Angeklagte im Sinne des Gesetzes schuldfähig ist.

Zunächst einmal geht es in dem Gutachten darum, welche Lebensgeschichte Lutz Seifert geformt hat.

Lutz Seifert wurde am 29. März 1948 in Sassnitz auf der Insel Rügen geboren. Als er fünf war, trennten sich seine Eltern. Für seine Mutter war es schon die zweite Scheidung. Aus der ersten Ehe stammten ein weiterer Sohn und eine Tochter.

Im Jahre 1954 siedelte Seifert mit seiner Mutter und seiner neun Jahre älteren Stiefschwester nach Hamburg über. Sein Halbbruder Gerd blieb in der DDR. »Die Mutter war dominant, der General«, stellt der Psychiater Professor Hans-Jürgen Horn in seinem Gutachten fest. Da es dem Jungen an einer väterlichen Identifikationsfigur gefehlt habe, sei die Mutter für ihn prägend gewesen. Doch seine Sehnsucht nach Liebe und Wärme sei unerfüllt geblieben. Emotionale Zuwendung habe er in seiner Kindheit und Jugend kaum erfahren. Als kalt und hartherzig habe Seifert seine Mutter in Erinnerung behalten.

Die Mutter setzte offenbar alles daran, in Hamburg eine neue Existenz zu begründen, und das mit Erfolg: Schon 1956 eröffnete die gelernte Kürschnerin eine kleine Pelzhandlung. Alles drehte sich fortan um das Geschäft. Um ihren Sohn kümmerte sich in erster Linie dessen Halbschwester Ingeborg.

Der Intelligenzquotient Seiferts bewegt sich nach den Tests des Psychiaters zwischen 90 und 100 und damit im mittleren Bereich. Um den Betrieb seiner Mutter fortzuführen, begann Seifert nach der Hauptschule im Jahre 1963 eine Kürschnerlehre. Nach der Gesellenprüfung war er für jeweils kurze Zeit bei unterschiedlichen Kürschnern beschäftigt – 1972 zum Beispiel bei Kürschnermeister Kurt Kloeßer. Im Jahre 1973 trat er in das Pelzgeschäft seiner Mutter an der Wandsbeker Chaussee ein. 1975 unterzog er sich erstmals der Meisterprüfung, fiel aber durch. Zwei Jahre später gelang es ihm dann doch noch, den Meisterbrief zu erlangen.

1975 heiratete Seifert, 1980 kam seine Tochter Andrea zur Welt, ein Jahr später bezog er mit seiner Familie ein Reihenhaus in Hamburg-Rahlstedt. Seine Wochenenden verbrachte er oft in Basedow am Lanzer See. Noch als die Blockhaussiedlung in der Planungsphase war, hatte er hier 1972 ein Grundstück gekauft.

Nach außen hin führte er so ein bürgerliches Leben, verschaffte sich Anerkennung mit lockeren Sprüchen und auftrumpfendem Auftreten. »Er neigt dazu, seine Person in den Mittelpunkt zu stellen, tendiert zur Selbstüberhöhung«, stellt der Psychiater fest. In Wirklichkeit ist Seifert aus Sicht Horns »ein Mann, der nach außen den starken Kumpel herausstellt, eine Verhaltensfassade aufbaut, innerlich aber ein brüchiges Selbstwertgefühl besitzt«. Entscheidenden Anteil hatte dabei offenbar seine Mutter, die ihren Sohn in den Kürschnerberuf drängte und in ihrem Pelzgeschäft aufnahm, das bis zuletzt in ihrem Besitz blieb. Lutz Seifert fürchtete daher nicht ganz zu Unrecht, enterbt zu werden. Der Kürschnermeister blieb an der kurzen Leine seiner Mutter, die damit auch zwischen ihrem Sohn und dessen Frau stand. Zusammenfassend bescheinigt der Gutachter dem Angeklagten eine »narzisstische Persönlichkeitsstörung« und eine Veranlagung zum Sadomasochismus. Wie Seifert selbst berichtete, besuchte er im Alter von 19 bis 25 Jahren Sadomaso-Clubs. Suchtcharakter aber haben die Fesselspiele für den Kürschner nach Ansicht des Gutachters nicht gehabt. In jungen Jahren habe er es mit dem Sadomasochismus noch sehr viel extremer getrieben, habe ihm der Angeklagte gesagt, berichtet Horn.

Eher beiläufig lässt der Psychiatrieprofessor anklingen, dass sich schon früh andeutete, welch gefährliche Entwicklung Seiferts Sexualverhalten möglicherweise nehmen würde. Denn bereits Anfang der siebziger Jahre fiel der Kürschner im Keller über eine junge Frau her, fesselte ihr die Hände mit Handschellen auf dem Rücken, warf sie zu Boden, versuchte sie zu küssen, zog ihr die Unterhose herunter und griff ihr an die Scheide. Daraufhin ließ er die Frau wieder gehen.

Weil ihn der Stress wegen der bevorstehenden Meisterprüfung massiv unter Druck setzte, begab sich Seifert auch schon Anfang der siebziger Jahre in die Behandlung eines Psychiaters. Es hatte den Anschein, als habe er sich schließlich nach Meisterprüfung, Heirat und der Geburt seiner Tochter gefangen. Doch der Schein trog.

Hinter der ehrbaren Unternehmerfassade bewegte sich Seifert nicht nur abseits der herrschenden Sexualmoral, sondern auch abseits der geltenden Gesetze. Im Jahre 1986 kam es in Seiferts Pelzhandlung zu einem Brand. Vieles spricht dafür, dass der Pelzhändler das Feuer selbst gelegt hat, um die Versicherungssumme zu kassieren. Denn wirtschaftlich befand sich der Betrieb in dieser Zeit bereits in Schwierigkeiten. Seit 1988 plante der Kürschner, die Pelzhandlung zu verkaufen, um nach Chile auszuwandern – gemeinsam mit der gebürtigen Chilenin Mercedes R., die ihm Spanisch beigebracht hatte. Doch die Beziehung scheiterte ebenso wie sein Plan, sich in Chile eine neue Existenz aufzubauen. Seine Ehe war in dieser Zeit offenbar schon erheblich zerrüttet. Die Ehepartner lebten, wie es scheint, nebeneinander her, blieben nur zusammen, um der Tochter keine Scheidung zuzumuten.

Nach einer vermeintlichen Attacke von Pelzgegnern auf seinen Laden verkaufte Seifert schließlich 1989 sein Pelzgeschäft für 130000 Mark an die Konkurrenz. Fortan verfolgte er die Idee, in Costa Rica ein Hotel zu eröffnen. Doch dieses Vorhaben scheiterte wie schon manches Projekt zuvor.

Wie eine Droge hat sich aus Sicht des Psychiaters unterdessen Seiferts Abhängigkeit von der Astrologie entwickelt – als realitätsferner Versuch, ein Leben in den Griff zu bekommen, das zunehmend aus den Fugen gerät.

Für den Gutachter geht es vor allem darum, ob der Angeklagte im Sinne des Gesetzes schuldfähig ist, und diese Frage bejaht Horn nur eingeschränkt. Der Psychiater diagnostiziert eine »schwere seelische Abartigkeit« in Gestalt einer sadomasochistischen Triebstruktur, hält den Angeklagten aber für steuerungsfähig. Zumindest wenn er nicht von seinen sexuellen Obsessionen beherrscht wird. Sollte er aber die beiden Frauen im Sexualrausch getötet haben – wie von der Staatsanwaltschaft unterstellt – wäre aus Sicht des Gutachters eine verminderte Schuldfähigkeit zumindest nicht auszuschließen.

Rein theoretisch hätte das Verbrechen in diesem Falle folgende psychodynamische Entwicklung nehmen können: Seifert entführt die Frauen, um Geld zu erpressen. Als er damit scheitert, empfindet er dies als kränkende Niederlage, die er dadurch kompensiert, dass er die Macht gegenüber seinen hilflosen Opfern auskostet und sich mit seinen Sadomaso-Ritualen in einen Machtrausch hineinsteigert. Angestachelt von der Angst und Hilflosigkeit der Frauen, überschwemmt von sadistischen Impulsen, habe er so möglicherweise die Kontrolle über sich verloren, mutmaßt der Professor.

Doch die Gedankenspiele des Gutachters basieren auf ungesicherten Annahmen. Horn berichtet zwar, der Proband habe freimütig mit ihm geplaudert – »sehr impulsiv, mitteilsam, spontan« –, was aber von all dem zu glauben ist, vermag auch der erfahrene Psychiatrieprofessor nicht zu sagen.

Staatsanwältin Angelika Hauser zeigt sich äußerst unzufrieden mit dem Gutachten. Die entscheidende Frage der Schuldfähigkeit wird aus Sicht der Anklagevertreterin nur unzureichend beantwortet. Vor allem hat Horn nach Meinung der Staatsanwältin vernachlässigt, dass die gefährliche Störung des Angeklagten sich schon seit langem angebahnt, eine »progrediente [fortschreitende] Verlaufsform« genommen habe, wie sich zum Beispiel an dem Missbrauch der jungen Frau Anfang der siebziger Jahre zeige.

Aus Sicht anerkannter Experten könnten Sexualstraftäter wie Seifert in einen »Zustand narzisstisch-rauschhafter Ich-Fremdheit« geraten, so dass es zum »vollständigen Zusammenbruch der Kontroll- und Abwehrmechanismen« komme und die Schuldfähigkeit somit erheblich eingeschränkt sei.

Die Staatsanwältin beantragt daher, weitere Gutachten einzuholen. Zudem lehnt sie Horn auch wegen des Verdachts auf Befangenheit ab. Im Beisein eines Kollegen habe der Professor schon vor Wochen gesagt, er sei immer noch unentschieden, wie der Angeklagte im Hinblick auf die Frage der Schuldfähigkeit einzuordnen sei. Wenn er der psychiatrischen Klinik Ochsenzoll nun nach dem Serienmörder Thomas Holst jetzt noch einen weiteren Mörder »einbrocken« würde, würden ihn die Kollegen dort »steinigen«. Eine solche Äußerung lasse vermuten, »dass der Sachverständige sachfremde Erwägungen in sein Gutachten hat einfließen lassen«.

Doch das Gericht folgt der Sichtweise der Staatsanwältin nicht und weist den Antrag komplett zurück. Das Gutachten ist aus Sicht des Gerichts in sich schlüssig, widerspruchsfrei und wohl fundiert. Es bestehe demnach keinerlei Anlass, weitere Sachverständige zu beauftragen.

8.

Seifert verfolgt das Hickhack mit Genugtuung. Doch kurze Zeit später schon demonstriert der Angeklagte im Gerichtssaal, wie es sich anhört, wenn man wirklich durchdreht. Als der Vorsitzende Richter erklärt, dass es leider nicht möglich war, den südamerikanischen Arzt Pablo Vayer-Fernandez ausfindig zu machen und als Zeugen vorzuladen, schreit und tobt Lutz Seifert, dass es auf dem Gerichtsflur zu hören ist. »Sie wollen mir mein Leben nehmen«, brüllt er die Richter an. »Ich bin auch nur ein Mensch! Halten Sie das mal durch, dass Sie vier Jahre als Massenmörder gelten.«

Nebenbei »verrät« er, der geheimnisvolle Arzt habe ihn einmal regelrecht bedrängt, als er aus dem »Geschäft« (Drogen-und-Organ-Mafia) aussteigen wollte. Das habe er sich natürlich nicht gefallen lassen. »Ich habe ihn mit 'ner 38er Magnum verjagt.«

Als sich das Verfahren wenige Wochen später dem Ende zuneigt, lässt Seifert von seinen Verteidigern eine Erklärung verlesen, die alles bisher Gesagte über den Haufen wirft.

»Ich bin süchtig nach Annegret gewesen. Sie war die einzige, die mich mit der Peitsche so bearbeiten konnte, wie es mir gefiel.«

Er selbst habe ihr die Urwalddroge Burundanga heimlich in eine Cola geschüttet, um sie gefügig zu machen. »Ich wollte, dass sie mit mir nach Südamerika geht.« Darum habe er sie betäubt und in seinen Atomschutzbunker verschleppt. »Wenn du nicht mit nach Südamerika kommst, bleibst du eben so lange hier, bis du es dir anders überlegst«, habe er ihr gesagt. Vorsorglich habe er ihr die Haare abgeschnitten: »Damit sie sich schämt und nicht zu flüchten versucht.«

Wegen eines »beunruhigenden Hustens« sei er irgendwann

mit ihr in die Sauna gegangen. Da habe er auch Sex mit Annegret haben wollen und sie wie üblich gefesselt, um sich zu stimulieren. Schließlich habe er sie zum Oralverkehr gezwungen. Daraufhin sei es dann passiert: Sie habe ihn in den Penis gebissen, »kurz und kräftig reingehackt«, so heftig, dass die Verletzung noch immer nicht völlig verheilt sei und schmerze. Nach acht Jahren! Kurz: Er sei damals so außer sich vor Schmerz und Wut gewesen, dass er unkontrolliert auf Annegret Bauer eingeschlagen habe. »Ich verlor total die Beherrschung.«

Daraufhin habe er die Sauna verlassen, um sich einen Verband anzulegen. Als er in den auf rund 110 Grad erhitzten Raum zurückgekommen sei, habe Annegret wahrscheinlich schon nicht mehr gelebt. »Da waren die Augen schon weiß und verdreht.« Alle Wiederbelebungsversuche seien gescheitert.

Der Angeklagte gibt sich zerknirscht und reumütig in seiner Schlussbilanz:

»Ob es die Schläge waren oder das Kreislaufversagen, Burundanga oder die Hitze – ich weiß es nicht. Die alleinige Schuld für ihren Tod liegt auf jeden Fall bei mir. Durch meine Sex-Gier und meine Unbeherrschtheit habe ich ihr das Leben genommen. Ich möchte sagen, dass mir der Tod ganz außerordentlich leid tut. Ich werde ein Leben lang darunter leiden.«

Ein Geständnis? Bei aller vermeintlichen Reue und Offenherzigkeit ist klar, dass der geschilderte Ausraster nicht wie ein Mord gewertet werden könnte – allenfalls als Körperverletzung mit Todesfolge. Und es kann wohl auch als sicher vorausgesetzt werden, dass Seifert sich mit seinen Anwälten beraten hat, bevor er die neue Tatversion ins Spiel brachte.

Das Gericht reagiert daher eher zurückhaltend auf die

verlesene Einlassung. Immerhin erschöpft sich die Erklärung nicht in wolkigen Beteuerungen, sondern verweist auf ein überprüfbares Detail. Der Vorsitzende Richter regt daher ein weiteres ärztliches Gutachten an. Professor Püschel wird daraufhin von der Strafkammer beauftragt, den Penis des Angeklagten zu untersuchen. Der Gerichtsmediziner erinnert sich und notiert in seinem Beitrag zu den *Unglaublichsten Fällen der Rechtsmedizin*:

»Es wurde eine Begegnung der anderen Art. In der Rolle des Sachverständigen bot sich mir nunmehr die Gelegenheit, einen weitgehend persönlichen Eindruck von Herrn Seifert im Umfeld Untersuchungsgefängnis zu gewinnen. Wieder einmal stand ich vor dem Rätsel bzw. vor der Tatsache, dass einem Menschen keineswegs auf der Stirn geschrieben steht, dass er ein Mörder ist.«

Das Ergebnis der Untersuchung aber trägt nicht dazu bei, die Glaubwürdigkeit des Angeklagten zu erhöhen: Hinweise auf eine Bissverletzung jedenfalls kann der Gerichtsmediziner am Penis des Beschuldigten nicht feststellen.

Damit wird die Beweisaufnahme endgültig geschlossen.

9.

Als Staatsanwältin Angelika Hauser sich von ihrem Platz erhebt, um das Schlussplädoyer der Anklage vorzutragen, starrt der Angeklagte wie gebannt ins Leere. Später wird sich die Erstarrung lösen, Unmutsäußerungen wie »Blödsinn« werden dem stämmigen Mann wieder über die Lippen kommen. Denn das Plädoyer der Anklage steht in scharfem Kontrast zu allem, was Seifert bisher selbst vorgebracht hat. Aus Sicht der Staatsanwältin besteht kein Zweifel, dass der Angeklagte sich des zweifachen Raub- und Sexualmordes schuldig gemacht hat und deshalb zu einer lebenslangen Haftstrafe mit anschließender Sicherungsverwahrung zu verurteilen ist. Beide Frauen sind nach den Worten Hausers einen »furchtbaren Tod gestorben, der auch ihre Familien zerstörte«. Im Sinne des Gesetzes sei daher von einer »besonderen Schwere der Schuld« auszugehen, was bei der Strafvollstreckung zur Folge haben kann, dass ein »Lebenslang« deutlich länger als fünfzehn Jahre währt.

Trotz seiner schweren seelischen Abartigkeit und narzisstischen Persönlichkeitsstruktur sei der Angeklagte schuldfähig, stellt die Anklagevertreterin fest. Denn er habe seine Taten »absolut planmäßig« ausgeführt, sei zum Tatzeitpunkt offenkundig Herr seiner Sinne gewesen. »Der Angeklagte hat etwas Unfassbares, Entsetzliches getan«, sagt die junge Staatsanwältin. »Die Wahrheit ist so grausam, dass er sie um keinen Preis preisgeben wird.« Seifert habe »in der Rolle des Sadisten« Machtgefühle ausgelebt – und seinen Hass auf den früheren Chef abreagiert.

Da verliert der Angeklagte vollends die Beherrschung. »Wie kommen Sie denn darauf?«, ruft Seifert aufgebracht mit seiner hohen Fistelstimme.

Der Prozess

Die Staatsanwältin beantwortet die Frage. Sie stützt ihr Plädoyer auf die Obduktion der Leichenreste in den Säurefässern, auf die bei Seifert sichergestellten Schmuck- und Kleidungsstücke der Opfer, die Fotos und Tonbandaufnahmen, die erzwungenen Briefe, die Zeugenaussagen – und eben auch auf das umstrittene Protokoll des Mitgefangenen Frank Weißgerber. Danach lockte Seifert am 12. März 1986 Hildegard Kloeßer in seinen Bunker, stahl aus ihrem Badezimmer 20 000 Mark, fesselte und folterte sie und ließ sie hungern. Nach einer Woche erhängte er die Frau, zersägte ihren Leichnam und vergrub die sterblichen Überreste in einem Säurefass im Garten seines Hamburger Reihenhauses.

Zweieinhalb Jahre später lockte Seifert auch Annegret Bauer nach Darstellung der Staatsanwältin in seinen Atomschutzbunker. Einen ganzen Monat habe er die junge Frau gequält: angekettet, sexuell missbraucht, gezwungen, Briefe zu schreiben und ihre Leiden auf Band zu sprechen; er habe sie hungern lassen, kahlgeschoren und auf andere Art gedemütigt. Am Ende habe er sie erstickt und ähnlich »entsorgt« wie zuvor die Leiche der Kürschnerfrau. Seiferts eigene Darstellung vom angeblichen Treppensturz Hildegard Kloeßers wertet die Staatsanwältin als »absolut unglaubhaft«, sein »Teilgeständnis« im Falle Annegret Bauers als »reine Schutzbehauptung«.

Dies hört sich in den Plädoyers der Verteidiger ganz anders an. Die Anwälte beklagen die Beweisführung der Staatsanwaltschaft als abenteuerlich. Dabei kritisieren sie besonders, dass der wegen zweifachen Mordes verurteilte Mitgefangene Frank Weißgerber zum Kronzeugen der Anklage gemacht werde. Es komme einem »Offenbarungseid« gleich, wenn sich die Anklage auf einen derart »abgebrühten Kriminellen von skrupelloser Intelligenz« stütze, sagt der Anwalt Klaus Martini. Weißgerber habe nachweislich mehrere Details erfunden.

Die Kollegin Leonore Gottschalk-Solger fordert, dass der Mandant keinesfalls wegen Mordes verurteilt werden dürfe. Im Falle Hildegard Kloeßers sei sogar ein Freispruch angemessen, im Falle der beiden wieder freigelassenen Rentner müsse sich die Haftstrafe unter drei Jahren bewegen. Als völlig unverständlich bewertet es die erfahrene Anwältin, dass Seiferts Aussage, er habe Annegret Bauer »aus Sexgier« im Affekt erschlagen, nicht als Geständnis gewertet werde. »Wahrscheinlich würde man ihm erst glauben, wenn er sagte, er habe seine Opfer bei lebendigem Leibe gehäutet und zerstückelt.«

Hart prangern die Verteidiger an, dass der Angeklagte in der Presse schon vorab als »Unmensch« und »perverser Triebtäter« verunglimpft worden sei. Von einer solchen Vorverurteilung habe sich auch die Staatsanwaltschaft nicht frei gemacht. Dies habe sie daran gehindert, dem Angeklagten vorurteilsfrei zuzuhören. Widerlegt sei dessen Darstellung nämlich ganz und gar nicht.

Immer wieder müssen sich die Anwälte außerhalb des Gerichtssaals die Frage gefallen lassen, wie sie ein »Monster« wie Seifert verteidigen können. Leonore Gottschalk-Solger beantwortet in ihren *Erinnerungen* auch die Frage, ob es ihr nicht Angst gemacht habe, mit ihrem Mandanten an einem abgelegenen Tisch zu sitzen:

»Ich hätte Lutz S. doch nicht verteidigt, wenn ich Angst vor ihm gehabt hätte. Auffälligerweise fanden viele seiner Bekannten ihn sympathisch. Er ist höflich und hat die Gabe, gut zu erzählen. Er gibt seinen Gesprächspartnern das Gefühl, dass sie wichtig sind,

indem er gut zuhört. Eine seltene Gabe, man muss in der heutigen Zeit lange suchen, bis man jemanden findet, der einem zuhört.«

Wie in anderen Fällen sei Seifert nach einem heißen Tipp in der Untersuchungshaft auf sie zugekommen, sagt Gottschalk-Solger. Das sei üblich, habe sich im Laufe der Jahre so entwickelt. »Ich werde von den Mandanten angesprochen. Und wenn sie keine Stinkstiefel sind, dann verteidige ich sie.« Was sie mit Seifert verbinde?

»Werde ich nie vergessen. Er erstellte immer Horoskope. Für sich und mich. Er wollte zum Beispiel, dass ich mit ihm ins Ausland ging, weil mein und sein Horoskop das sagten. Dann meinte er, dass laut Horoskop zwei Frauen sein Schicksal wären. Und so war es auch, denn er hatte in diesem Prozess mit mir und einer Staatsanwältin zu tun.«

Völlig unpassend ist aus Sicht der erfahrenen Verteidigerin der Begriff »Säuremörder«:

»Er hat doch nicht mit Säure getötet! Was sollte das? Für mich ist er kein Mann, der einfach losgeht und Frauen tötet. Da ging es um Sex-Geschichten. Im Verfahren gab es nie die Gewissheit, ob die eine oder andere Frau anfangs nicht freiwillig mitgemacht hat und Lutz S. dann zu weit ging.«

Sie werde alles dafür tun, damit der Angeklagte einen fairen Prozess bekomme, hat die Anwältin stets gegenüber der Presse betont. In ihren *Erinnerungen* formuliert Gottschalk-Solger ihr Berufsverständnis:

»Je schwerer der Vorwurf, umso besser muss ein Mensch verteidigt werden.«

Bevor das Urteil verkündet wird, darf der Angeklagte noch einmal selbst sprechen. Lutz Seifert nutzt das »letzte Wort« zu einem Rundumschlag gegen Staatsanwaltschaft und Gericht und wiederholt, dass es sich beim Tod von Hildegard Kloeßer um nichts anderes als einen »Haushaltsunfall« gehandelt habe. Im Falle Annegret Bauer bleibt er bei der Sauna-Version, fügt jedoch ein neues Nebenmotiv hinzu: »Ich war als Mann gedemütigt, weil sie mich ausgenutzt und dann eiskalt abserviert hat.« Es klingt wie eine Drohung, wenn Seifert betont: »Mit mir spielt man nicht.«

Von echter Reue ist nicht mehr viel zu spüren. Erst am Ende seiner einstündigen Schlusserklärung schlägt der Angeklagte etwas versöhnlichere Töne an: »Ich danke dem Vorsitzenden Richter für sein Verständnis für meine Wutanfälle. Ich bedanke mich dafür, dass er mich nicht rausgeschmissen hat.« Und selbstkritisch beschließt er sein »letztes Wort« mit dem Satz: »*Ich* war der Angeklagte, nicht die Justiz, das habe ich ab und zu vergessen.«

Der Prozess

10.

Der Moment ist gekommen. Fünfzehn Monate nach Prozessbeginn verkündet die 22. Strafkammer des Landgerichts Hamburg am 22. Mai 1996 das Urteil. Wie an all den 92 Verhandlungstagen zuvor erheben sich auch jetzt die Prozessteilnehmer und -besucher von den Plätzen, als die Berufsrichter und Schöffen den Sitzungssaal betreten. Anders als sonst lässt der Vorsitzende Richter Gerhard Schaberg die Versammelten diesmal aber noch kurz stehen, während er die Essenz der Gerichtsentscheidung in Worte fasst:

»Im Namen des Volkes ergeht folgendes Urteil: Der Angeklagte Lutz Seifert wird wegen Mordes in zwei Fällen, versuchten schweren Raubes und erpresserischen Menschenraubes zu einer lebenslangen Freiheitsstrafe verurteilt.«

Seifert lässt sich keine Gefühlsregung anmerken. Sein Blick ist müde und leer – auch während der Richter in der folgenden knappen Stunde die Gründe für seinen Urteilsspruch darlegt.

»Was sich im Einzelnen zugetragen hat, wissen nur Sie selbst«, stellt der hagere Jurist gleich zu Beginn mit Blick auf den Angeklagten fest. Doch der Beschuldigte habe von Anfang an verschleiert und Lügengeschichten erzählt, die nichts mit dem Fall zu tun gehabt hätten. »Erklärt haben Sie vieles, aufgeklärt nichts«, hält Schaberg dem Angeklagten entgegen, der mit versteinerter Miene ins Publikum starrt und immer wieder kurz auf die Armbanduhr guckt.

Trotz der »Spur von Lügen« reiche die Faktenlage für eine Verurteilung vollkommen aus, fährt der Richter fort. An objektiven Beweismitteln herrsche kein Mangel: die den beiden Frauen entwendeten Wertgegenstände, die Abbuchungen von ihren Konten, die Fundsachen in den

Schließfächern, die Ergebnisse der Obduktion und manches mehr. Aufschlussreich seien besonders auch die Briefe und Karten gewesen, die Seifert von den Frauen habe schreiben lassen, bevor er sie Wochen und Monate später mit Hilfe von arglosen Freunden und Freundinnen den Angehörigen zusandte. »Da diese Briefe zum Teil Bezug auf datierbare Ereignisse nehmen, erlauben sie uns einen Rückschluss auf die qualvolle Zeit.« Auch unter Berücksichtigung der Zeugenaussagen und Gutachten könne es somit als erwiesen gelten, dass der Kürschnermeister Hildegard Kloeßer und Annegret Bauer in seinem Atomschutzbunker gequält und getötet und ihre zersägten Leichen in Säurefässern im Garten vergraben habe. Beide Morde habe Seifert ausgiebig vorbereitet, sagt der Richter. Um die Leichen zu zersägen, habe er sich eigens eine Fleischersäge gekauft und zur Auflösung der Leichenteile Salzsäure – »genug, um die Fassaden einer ganzen Siedlung zu sanieren«.

Beide Frauen habe er »aus Habgier und, um eine Straftat zu verdecken« getötet. Merkmale, die ein Tötungsdelikt nach dem Gesetz zum Mord machen. Im Falle Annegret Bauers habe Seifert zudem »grausam und zur Befriedigung seines Geschlechtstriebes« gehandelt – weitere Mordmerkmale, wie sie das Strafgesetzbuch auflistet. Fotos, Tonbandaufnahmen und Obduktionsergebnisse (die Rede war von gefesselten Gliedmaßen) belegen eindeutig, dass es sich bei den sexuell motivierten Quälereien nicht etwa um »einvernehmlichen Sex« gehandelt habe, betont der Richter in ruhigem Ton. Nichts, aber auch gar nichts spreche dafür, dass Annegret Bauer selbst Sadomaso-Neigungen gehabt habe, stellt Schaberg klar.

Anders als die Staatsanwältin hält das Gericht im Falle Hildegard Kloeßers aber eine sexuelle Komponente für unbewiesen. Im Unterschied zur Anklägerin nämlich lehnt Schaberg das vermeintliche Protokoll des Mitgefangenen Weißgerber als Beweismittel ab. Teile der Behauptungen seien völlig inakzeptabel, sagt der Vorsitzende Richter. Daher sei das »Tagebuch« auch im Ganzen unannehmbar. In dubio pro reo, im Zweifel für den Angeklagten.

In deutlichen Worten hat der Richter schon in seiner Einleitung darauf hingewiesen, dass die reißerische Berichterstattung in den Medien, wie von den Verteidigern gerügt, diesen Grundsatz bisweilen außer Acht gelassen habe: »Die Unschuldsvermutung scheint für einige Presseleute nicht zu existieren, es sei denn, sie sind selbst betroffen.«

Doch die Verbrechen sind aus Sicht des Gerichts auch so schwerwiegend genug, um das härteste Strafmaß zu rechtfertigen, das nach dem deutschen Gesetz möglich ist. Auch wenn der Angeklagte in seinem Tun durch seine sexuelle Veranlagung motiviert gewesen sei, gebe es keinen Grund, eine verminderte Schuldfähigkeit zu unterstellen. Trotz all seiner sadistischen Neigungen sei Seifert fast immer planvoll zu Werke gegangen. »Die Taten sind in ihrer Grausamkeit kaum noch zu überbieten«, bilanziert der Richter, der damit eine besondere Schwere der Schuld feststellt, die es praktisch unmöglich macht, dass der zu »lebenslang« Verurteilte schon nach fünfzehn Jahren begnadigt werden kann. »Sie sind für die Allgemeinheit als gefährlich anzusehen«, sagt Schaberg dem Angeklagten ins Gesicht. Zusätzlich zur lebenslangen Haftstrafe verfügt das Gericht daher auch die anschließende Sicherungsverwahrung.

IV Nachspiel

1.

Karla Sommer verfolgte den Prozess aus der Ferne, wenn sie nicht als Zeugin vorgeladen war. Seit Januar 1995 ermittelte sie in einer aus der Polizeihierarchie herausgelösten Abteilung gegen Kollegen. Mit einem Lehrgang zur Finanzbuchhaltung schärfte sie 1996 ein Dreivierteljahr lang ihren Blick für Geldbewegungen und Bilanzen, um ihre Arbeit noch besser machen zu können.

Doch jenseits der Dienstpflichten hielt sie weiter Kontakt zu den Opfern »ihres« Falles, besonders zu Christa S. Es tat der früheren Krankenhausangestellten gut, dass im Laufe des Prozesses alles bestätigt worden war, was sie nach ihrer Freilassung aus dem Kellerverlies der Polizei gesagt hatte. Und sie genoss es, mit Kurt Kloeßer auf Reisen zu gehen, vor allem auf Kreuzfahrten – ihre große Leidenschaft. Auch der frühere Pelzhändler blühte auf. Wenngleich ihm seine Herzschwäche immer mehr zu schaffen machte, legte er nach wie vor großen Wert auf sein Äußeres. Als bei einer Kreuzfahrt einmal sein Koffer verloren gegangen war, lieh er sich vom Kapitän des Kreuzfahrtschiffes ein Dinner-Jackett.

Karla Sommer tauschte mit den beiden die Neuigkeiten im Prozess gegen Lutz Seifert aus und nahm auch im Übrigen Anteil am Leben des ungleichen Paares.

Und als Christa S. im Jahre 1996 Kurt Kloeßer das Jawort gab – zehn Jahre nach dem Tod seiner ersten Frau –, stand sie den beiden vor dem Standesamt als Trauzeugin zur Seite.

Fast schien es, als würden die schweren Zeiten, die sie mit den beiden geteilt hatte, in diesem Akt des Ringetauschens einen feierlichen Abschluss finden. Dass sich das Brautpaar die engagierte Kriminalbeamtin als Trauzeugin gewählt hatte, war sicher auch als Ausdruck der Dankbarkeit für Karla Sommer zu werten, für die dieser Fall zu einem wichtigen Kapitel ihres Lebens geworden war.

Es wurde kein rauschendes Fest gefeiert; es war eine eher schlichte, eine nachdenkliche Hochzeit – auch dadurch geprägt, dass der Bräutigam bereits von seiner Krankheit gezeichnet war.

Im Jahr darauf schon starb der frühere Pelzhändler. Auffällig viele Trauergäste waren in Pelzmäntel gehüllt. Zahlreiche Berufskollegen erwiesen dem Kürschnermeister die letzte Ehre. Und manche machten kein Hehl daraus, dass sie sich schämten, weil sie sich in den schweren Jahren von ihrem früheren Innungskollegen abgewandt hatten – wegen des windigen Gerüchts, wonach der Pelzhändler seine Frau angeblich selbst zu Schaden gebracht habe. Eines Gerüchts, das offenbar niemand anders als der Kürschner Lutz Seifert in Umlauf gebracht hatte, wie sich später herausstellte.

2.

Für die Mitarbeiter der Hamburger Mordkommission ist die Akte Seifert nach dem Urteil noch lange nicht geschlossen. Besonders der Mordfall Elvira Polkehn und der Fall der vermissten Birgit Meier werfen weiterhin Fragen auf, die in Zusammenhang mit dem verurteilten Kürschner stehen.

Neue Erkenntnisse im Fall Gabriele Ecksteins führen dagegen dazu, dass Seifert hier als Tatverdächtiger definitiv ausgeschlossen werden kann. DNA-Spuren am Rock der Ermordeten führen zu einem anderen – zwischenzeitlich verstorbenen – Mann.

Im Fall Birgit Meiers indessen dauert für die Angehörigen die quälende Ungewissheit an. Wie ein Schatten liegt das rätselhafte Verschwinden der Frau seit jenem Tag im August 1989 über der Familie. »Das lässt einem einfach keine Ruhe«, sagt der Bruder der Vermissten, der nach seiner Pensionierung als Direktor des Hamburger Landeskriminalamts den Landesvorsitz bei der Opferschutzorganisation Weißer Ring übernahm. Der frühere Polizeibeamte hört besonders aufmerksam zu, wenn Verbrechensopfer von ihren Leiden berichten. Wolfgang Sielaff weiß aus eigener Erfahrung, dass auch die Angehörigen oft in Mitleidenschaft gezogen werden. »Besonders hart hat es meine Mutter getroffen«, sagt der Hamburger. »Einige Monate, bevor meine Schwester verschwunden ist, ist mein Vater verstorben. Meine Mutter ist an all dem zerbrochen.«

Für Sielaff ist es so gut wie sicher, dass seine Schwester Opfer eines Gewaltverbrechens geworden ist. »Alle anderen Möglichkeiten scheiden aus.« Unerträglich ist daher für den früheren LKA-Chef die Vorstellung, dass die Tat unaufgeklärt und damit ungesühnt bleiben könnte. Immer wieder hat er daher seine einstigen Kollegen gebeten, den alten Fall noch einmal zu durchleuchten, Versäumtes nachzuholen und neue Erkenntnisse zu nutzen. Zuletzt klappten die Kriminalbeamten die Akte Birgit Meier noch einmal im Jahre 2009 auf – auch mit Blick auf Lutz Seifert als möglichen Täter. Doch stichhaltige Beweise fanden sich auch diesmal nicht, und der inhaftierte Verdächtige wies alle Vorhaltungen empört zurück.

So etwas wie Hochspannung kommt noch einmal auf, als der Rentner Harald Oelker im November 2009 bei dem Gerichtsmediziner Püschel in Hamburg anruft und mitteilt, er sei in seinem Garten in Basedow auf Metallplatten und ein darunter liegendes Fass gestoßen. Auf einem Nachbargrundstück zum früheren Wochenendhaus Seiferts! Liegen etwa noch weitere Leichenfässer unter dem Erdboden verborgen? Sofort beordert die Polizei einen Bergungstrupp in die Wochenendhaus-Siedlung. Auch Gerichtsmediziner Püschel wird wieder aktiv, um die Fässer in Augenschein zu nehmen. Doch die Erwartungen erfüllen sich nicht: Die rostigen Behälter enthalten nur Stahlreste.

3.

Die Welt von Lutz Seifert hat sich unterdessen auf die Justizvollzugsanstalt Fuhlsbüttel verengt – auf unbestimmte Zeit. Doch auch im Gefängnis gelingt es Seifert, sich Anerkennung zu verschaffen. »Lutzi«, wie Mitgefangene und Justizbedienstete ihn nennen, wird zu einem beliebten Gesprächspartner. Seine Geschichten verfehlen auch in Santa Fu ihre Wirkung nicht. Die Außenkontakte halten sich indessen in Grenzen. Zu den häufigsten Besucherinnen zählt seine Tochter, wie unter anderem in den *Erinnerungen* seiner Anwältin Gottschalk-Solger nachzulesen ist.

Auch nach vielen Jahren im Gefängnis hat sich Seifert offenbar die Fähigkeit bewahrt, Menschen durch sein selbstbewusstes Auftreten zu beeindrucken und trotz seiner grausamen Verbrechen sogar ein Stück weit für sich einzunehmen. Der namhafte Kriminalpsychologe Thomas Müller hatte im Oktober 2003 bei einem Besuch der Justizvollzugsanstalt Fuhlsbüttel Gelegenheit, sich ein Bild davon zu machen. In seinem Buch *Bestie Mensch* schildert der Profiler die Begegnung mit dem Gefangenen wie ein unvergessliches Erlebnis. Schon der Auftakt! Der Gefangene, schreibt Müller, habe den Besuchsraum nicht einfach nur betreten:

»Er füllte ihn vom ersten Moment an aus, als er die Türe öffnete und sich dafür entschuldigte, dass er etwas zu spät kam. Es war genau jene Ausstrahlung der Selbstsicherheit, die man nur bei wenigen Menschen findet, die selbst in der Zeit der Krise noch aufrecht stehen und sich nicht anmerken lassen, dass sie verloren haben.«

Müller, der nach eigenem Bekunden schon viele Serienmörder aus der Nähe erlebt hat, betont in fast schwärmerischem Ton, wie sehr sich der Kürschnermeister von üblichen Sexualstraftätern unterscheidet:

»*Dieser Mann war ein anderes Kaliber. Er unterschied sich so ziemlich in allem von jenen, die Leichen geschändet oder Dutzende Brandstiftungen begangen haben. Er besaß diese nicht zu beschreibende Bestimmtheit. Er strahlte Dominanz und Kontrolle aus, ohne dass er etwas sagte. Es war die Art, wie er sich bewegte, die Form der Entschuldigung, seine Stimme und seine zurückhaltende Einladung, mit ihm ein Glas Tee zu trinken.*«

Dankbar lässt sich der durchgefrorene Psychologe denn auch ohne Böses zu argwöhnen von dem Gefangenen heißen Tee einschenken. Er trinkt ein Glas nach dem anderen – bis ihm panikartig bewusst wird, dass Seifert selbst gar nichts trinkt. Der erfahrene Profiler gerät – nach seinen eigenen Worten – vorübergehend total aus dem Konzept, gepeinigt von der Furcht, zum arglosen Opfer eines Giftmordes zu werden. Nur mühsam gelingt es Müller, den Schock zu überwinden und den Gesprächsfaden wieder aufzunehmen. Und der Blick auf seinen Gesprächspartner verrät ihm, dass der ihn voll durchschaut.

Thomas Müller vergleicht den verurteilten Mörder mit einem Schachspieler, der einem immer einen Schritt voraus ist.

»*Seine Entschuldigung ohne Schuldzuweisung, seine freundliche, aber bestimmte Einladung, sein dominierendes und festes Auftreten und seine nahezu feine, wenn nicht sogar in ihrem Klang manipulierende Stimme gaben mir rasch das Gefühl, dass dieses Gespräch anders sein würde als Dutzende davor. Es war seine offene Art, mir bestimmte Fragen zu beantworten. Er hörte manchmal gar nicht auf zu reden. Er sprach über sich selbst, die Haft, das Gerichtsverfahren, die Anklagevertretung, die Medien, seinen Gesundheitszustand, und ich hatte das Gefühl, eine kleine Frage meinerseits brachte einen Schwall von Informationen hervor.«*

Welcher Art diese Informationen waren, deutet der Autor nur vage an. Bei all seiner Redseligkeit jedenfalls ist Seifert nach den Schilderungen des Kriminalpsychologen von einem Schuldeingeständnis nach wie vor weit entfernt. Die Tötungsdelikte, die ihm zur Last gelegt wurden, stellt er weiterhin mit großer Verve als Unfälle dar. Von Reue keine Spur.

4.

Lutz Seifert beschränkt sich nicht darauf, Interviews zu geben. Der prominente Gefangene nutzt seinen zweifelhaften Ruhm auch, um Geschäfte mit den Medien zu machen. Eines Tages meldet sich bei der Redaktion von *Spiegel-TV* ein Kubaner mit einem sensationellen Angebot: dem »Nachlass« von Lutz Seifert. Dazu zählen Briefe, Notizen, Gedichte, Pamphlete, unveröffentlichte Akten, Fotos und Filme, die angeblich ein völlig neues Bild des verurteilten Frauenmörders vermitteln – und einen Justizskandal sondergleichen dokumentieren.

Das brisante Material hat natürlich seinen Preis. Der Kubaner verlangt 15 000 Euro. Nach Sichtung der Dokumente einigt sich *Spiegel-TV* mit dem Unterhändler auf 8000 Euro und erkauft sich damit von Seifert auch das Recht, nach Belieben über dessen Fall zu berichten. Nach etlichen Gesprächen mit dem Inhaftierten gerät das Fernsehprojekt aber am Ende ins Stocken, weil sich die JVA Fuhlsbüttel weigert, eine Drehgenehmigung zu erteilen.

Doch der Gefangene benötigt nicht unbedingt eine Fernsehkamera, um sich mitzuteilen. *Jetzt rede ich* lautet der Titel seiner unveröffentlichten Enthüllungen, die mehr den Charakter einer Materialsammlung haben. Der »sogenannte Säuremörder«, wie Seifert sich selbst nennt, gibt vor, Klartext zu sprechen. In immer neuen Versionen beklagt Lutz Seifert, dass ihn die Justiz zu Unrecht zum Serienmörder abgestempelt habe, geht aber kaum auf das entscheidende Belastungsmaterial ein, sondern kämpft auf Nebenschauplätzen. Triumphierend weist er mehrfach darauf hin, Polizei und Staatsanwaltschaft hätten versucht, ihm gleich fünf Frauenmorde anzuhängen, seien in drei Fällen aber am Ende jämmerlich gescheitert. Notgedrungen habe man die Ermittlungen gegen ihn einstellen müssen.

Die anderen beiden Todesfälle stellt er wie in der letzten Phase des Gerichtsverfahrens weiter als Unfälle dar. Hildegard Kloeßer ist demnach einem »Haushaltsunfall« zum Opfer gefallen, Dackel Donald sei schuld gewesen. Und Annegret Bauer ist Seifert zufolge bei »Fesselspielen in der Sauna« einem Kreislaufversagen erlegen. »Überanstrengung und Hitze trafen zusammen.« Er habe die Polizei nur deshalb nicht gerufen, weil er in Panik geraten sei, betont Seifert.

»Ich hatte alles zu verlieren. Die große Firma mit Eigentumsladen in der 3. Generation, meine Familie hatte mich angemahnt, meine Sexspiele nicht in die Öffentlichkeit zu tragen, um den alten Namen für gute Pelzarbeit nicht in den Schmutz zu ziehen. Nur aus Verlustängsten habe ich zwei tödliche, aber verschieden motivierte Todesfälle vertuscht.«

Auch die Karikatur eines Sensenmannes ist in einem der Ordner des Nachlasses zu finden. »Schuld kann ich nicht streichen«, hat Seifert unter die Zeichnung geschrieben. »Doch einen Mord, den es nicht gab, kann ich nicht beichten.«

Neben solchen, oft wirren »Klarstellungen« zu den Mordfällen enthält der Nachlass viel Privates – darunter Urlaubsfilme und viele Fotos. Einige Fotos zeigen zum Beispiel Seifert mit seiner kleinen Tochter in der Badewanne, auf einem anderen hält er seine Tochter als Baby im Arm. Auf Hochzeitsfotos aus dem Jahre 1975 ist der Kürschner als Bräutigam mit schwarzer Fliege zu sehen. Mehrere Bilder zeigen ihn an der Seite seiner Mutter, einer hageren Frau mit Brille und Dauerwelle. Manche der Fotos dokumentieren auch, wie Seifert als Kind ausgesehen hat – etwa als Schuljunge mit Pudelmütze. Ernst ist der Blick des Knaben.

Zumeist aber lächelt er als Erwachsener in die Kamera – und zwar vorzugsweise in Urlaubspose: in Badehose am Strand, unter Palmen, auf Mallorca, in Brasilien, beim Tauchen in der Karibik, am Pool seines Hauses in Costa Rica – immer gebräunt und immer irgendwie stolz auf seinen kräftig gebauten Körper. Seht selbst, was für ein toller Kerl ich war, scheint die Botschaft zu lauten. Sieht so etwa ein Monster aus?!

Beigefügt sind auch Bilder seiner Opfer. Ein Foto dokumentiert, wie er 1972 einträchtig neben Hildegard Kloeßer in der Werkstatt seines früheren Chefs sitzt. Ein anderes Foto zeigt ihn 1982 als Trauzeugen bei der Hochzeit von Annegret Bauer. Und ein Hochzeitsfoto Annegret Bauers ist mit einer Aufschrift versehen, deren Bosheit den Verfasser selbst entlarvt: »Sie hat sich von ihm scheiden lassen, weil er keine Lust zum Sex hatte«, heißt es da über sein späteres Opfer. »Ich hatte lange Sex mit ihr.«

Andere Menschen verunglimpfen und sich selbst zum Supermann oder aber Justizopfer stilisieren – diese Tendenz zieht sich durch viele seiner Bekundungen.

Zahlreiche Dokumente spiegeln auch die rechtlichen Auseinandersetzungen wider, die Seifert von seiner Zelle aus geführt hat. Im Jahre 2006 etwa erstattete der Gefangene Strafanzeige gegen die Staatsanwältin Angelika Hauser wegen »schwerer Berufsverfehlungen«. Die Rede ist unter anderem von Strafvereitelung im Amt und »Verfolgung eines Unschuldigen mit Vorsatz«. Dabei bezieht sich Seifert in erster Linie auf jene drei ungeklärten Frauenmorde, die ihm angeblich angelastet worden sind – selbstverständlich zu Unrecht. »Es ist ein Skandal, dass drei Frauenmörder noch immer frei herumlaufen, weil sie zehn Jahre nicht gesucht wurden«, klagt Seifert. Die Anzeige wurde als haltlos abgewiesen.

Erfolgreicher dagegen war Seifert mit dem Antrag einer einstweiligen Verfügung gegen den Hamburger Gerichtsmediziner Klaus Püschel, der über ihn einen Beitrag zu dem Sammelband *Die unglaublichsten Fälle der Rechtsmedizin* geschrieben hatte. Das von Seifert im Januar 2005 angestrengte Verfahren bewegte sich über mehrere Instanzen. Am Ende stand ein Vergleich, der unter anderem vorsah, dass der Name des »Säurefass-Mörders« aus dem Text getilgt werden musste. Seifert wehrte sich vor allem dagegen, als »sadistischer Mörder« bezeichnet zu werden. Im Falle Annegret Bauers habe es sich um »einvernehmliche Gewaltanwendung« gehandelt, nicht etwa um Folter, beteuert er. Doch der juristische Erfolg hält sich in Grenzen: Seifert wird in einer geänderten Buchversion zwar nicht mehr als »sadistischer Mörder« bezeichnet, dafür aber als »grausamer« oder »furchtbarer« Mörder. Der frühere Pelzhändler widerspricht zudem der Darstellung, bei der Entführung von Christa S. auch sexuelle Motive gehabt zu haben. Kein »Mann mit ein bisschen Intelligenz, aber einer brutalen Sex-Variante« hätte sich laut Seifert vom Redeschwall der Entführten »in seiner Sexlust« beeinflussen lassen, argumentiert er. »Es gibt ja Mundknebel.« Und wie ein Laien-Psychologe in eigener Sache fährt Seifert fort: »Glauben Sie wirklich, dass Frau Christa S. mit ein paar psychologischen Sprüchen einen sadistischen Triebtäter aufgehalten hätte? Das hätte diesen sexuell gestörten Typen nur aufgestachelt.«

Auch nach fast 23 Jahren Haft bleibt Seifert bei seinen Unschuldsbeteuerungen und droht allen mit rechtlichen

Schritten, die Missliebiges über ihn berichten. »Ich verklage ALLE, die über mich schreiben, ohne dass sie die Fakten kennen«, schreibt er zum Beispiel dem Verfasser dieses Buches in einem seiner Briefe. Aus leidvollen Erfahrungen mit »Schreiberlingen«, die etliche »Schweinereien« über ihn in die Welt gesetzt hätten, habe er die Konsequenz gezogen, Journalisten und Buchautoren gegenüber äußerst vorsichtig zu sein. Denn: »Die Wahrheit interessiert E niemand, nur ein Monster bringt Umsatz.«

Keine Bedenken hatte Seifert dagegen offenbar, schon während seiner Untersuchungshaft einen Besucher aus Mittelamerika zu empfangen: Ein hoher Beamter des Innenministeriums in Costa Rica nämlich soll sich seinerzeit auf den weiten Weg nach Hamburg gemacht haben, um den einstigen Freund seines Landes in der Justizvollzugsanstalt zu sprechen. Worum es bei dem Besuch ging, blieb offen. Aber offenkundig bestätigt der hohe Besuch, dass der frühere Kürschnermeister auf der anderen Seite des Atlantiks über exzellente Kontakte verfügte.

Auch in der Justizvollzugsanstalt gelang es Seifert, sich Respekt zu verschaffen. Hier nutzte er sein Selbstbewusstsein und rhetorisches Talent als Gefangenensprecher. Nicht ohne Stolz bestätigt er in einem Brief an den Verfasser, zweimal in die Vertretung der Gefangenenmitverantwortung (GMV) gewählt worden zu sein.

»Aber das gibt nur Nachteile in der Akte. Die Anstalt sieht solche Leute nicht gern, die ihnen auf die Füße treten, weil sie selber die Gesetze in sehr vielen Sachen nicht einhalten! Alles nett ausgedrückt, eigentlich müsste meine Wortwahl härter sein!«

V Briefe aus Santa Fu

Auch zwei Jahrzehnte nach dem Mordprozess bestreitet der Verurteilte die Tatvorwürfe und spricht nach wie vor von Unfällen. Dies dokumentieren auch die weiteren Briefe, die Seifert mir im Frühjahr 2014 aus der Strafvollzugsanstalt Fuhlsbüttel, genannt »Santa Fu«, gesandt hat, nachdem ich ihm von meinem Buchprojekt berichtet hatte. Aufschlussreich aber ist die Wortwahl. Fast beiläufig verwendet Seifert den Begriff »Entsorgung«, wenn er von der Auflösung der Frauenleichen in den Säurefässern spricht:

»Außerdem Säure Mörder, es gab eine Entsorgung, aber Tod durch Säure wäre gar nicht auszuführen, ohne sich selber in Todesgefahr zu bringen! Das ist eine Medien-Bezeichnung hat aber nichts mit der Wirklichkeit zu tun.«

Die Argumentation ist zugleich ein gutes Beispiel für Seiferts Pseudologik. Denn der Gefangene zerpflückt Behauptungen, die niemand aufgestellt hat. Kein Journalist, kein Polizist, kein Richter hat jemals ernsthaft davon gesprochen, dass er die Frauen mit Hilfe von Säure getötet habe. Ähnlich ins Leere laufen seine Attacken gegen die Justiz. Trotzdem erweckt er den Anschein, als würde seine Beweisführung das komplette Urteil ins Wanken bringen. In einem an mich gerichteten Brief vom 17. März zum Beispiel schreibt er:

»Mit Richter Schaberg würde ich gern life im TV über jede einzelne Urteilsseite sprechen, denn es waren Fantasie-Tatablaufs-

Geschichten ohne jeden Beweis. Da gab es keine Ähnlichkeit mit dem wahren Geschehen.«

Anstatt jedoch Details zu den beiden Frauenmorden, für die er verurteilt wurde, zu nennen, führt der mittlerweile 66 Jahre alte Verurteilte erneut die drei Frauenmorde an, die ihm nicht nachgewiesen werden konnten. Noch 2009 habe die Kriminalpolizei versucht, ihm einen »Mord von damals noch mal anzuhängen«, klagt Seifert.

»Obwohl mein Alibi damals schon 100% betrug, denn ich war in der Zeit (1987) in Brasilien. Aber das interessiert keinen. […] Sie dachten, dem alten Typen noch mal einen Mord anhängen zu können, weil ihn die Knastjahre kaputt gemacht haben. Gottseidank mein Geist ist noch OK, nur der Körper hat seine Macken.«

In diesem Zusammenhang weist Seifert auf seine »Asbest-Lunge« hin – eine Spätfolge seiner Tätigkeit als Kürschner. Es sei daher fraglich, ob er noch das Ende seiner Haftzeit erlebe. Beim Blick auf die Haftdauer vergleicht sich Seifert mit dem früheren RAF-Mitglied Christian Klar, der schließlich nach 26 Jahren freigekommen sei.

»Bei mir liegt das Ende der Haftzeit ähnlich, nur ob es mir noch was nützt, ist die Frage, die Zeit scheint abgelaufen!«

Im Juli 2013 hat Seifert zuletzt seine Entlassung beantragt. Das Landgericht Hamburg aber lehnte ab und setzte mit Beschluss vom 11. Dezember 2013 zugleich eine Mindestverbüßungsdauer von 25 Jahren fest, die – unter Anrechnung der Untersuchungshaft – erst im Jahr 2019 verstrichen sein wird. Erst dann stellt sich laut Staatsanwaltschaft die

Frage der Sicherungsverwahrung oder einer möglichen Entlassung.

Im Jahre 2009 war die Situation noch anders. In einer mündlichen Anhörung vor der Strafvollstreckungskammer des Landgerichts Hamburg hatte Seifert damals im April erklärt, dass er keinen Antrag auf vorzeitige Entlassung stellen wolle. Seine Angst vor der Presse und vor ungerechtfertigter Verfolgung durch die Polizei sei so groß, dass er es vorziehe, vorerst hinter Gittern zu bleiben. Im Gespräch mit einem Journalisten äußerte er außerdem die Sorge, dass er gar nicht wisse, wo er unterkommen könne in der Freiheit. Gleichwohl wollte er damals schon wissen, wann mit dem Ende seiner Haftzeit zu rechnen sei. Mit Blick auf seinen Gesundheitszustand sei es für ihn wichtig, noch etwas Hoffnung für sein späteres Leben zu haben – und sich Ziele setzen zu können.

Fünf Jahre später hat das Thema Entlassung für Seifert offenbar eine sehr viel konkretere Form angenommen. »Resozialisierung steht jetzt an«, schreibt er mir in einem Brief. »Denn ich bin seit 1991 bis jetzt durchgehend in Haft.« Ob er aber jemals wieder in die Freiheit zurückkehre, sei fraglich. Denn:

»*Bei mir naht das Ende. Das meine ich wörtlich, meine Lungenwerte sind sehr schlecht.*«

Glaubt man dem Gefangenen, sind es nicht nur die Lungenwerte. Zwei Herzoperationen habe er schon hinter sich. Dazu kämen Asthma, Bluthochdruck, Diabetes, Prostataprobleme ...

Voller Selbstmitleid blickt Seifert auch auf die Jahre seiner Untersuchungshaft zurück:

Die dunkle Seite des Pelzhändlers

»Ich war damals kurz vorm Schlaganfall. Meine Augen liefen wie bei einem alten TV-Gerät durch.«

Immer wieder hat Seifert in der Vergangenheit darüber geklagt, dass er trotz seiner angeschlagenen Gesundheit nur unzureichend behandelt werde, und das Haftkrankenhaus verbittert als »Wartezimmer zum Jenseits« abqualifiziert. Von den Leiden seiner vermeintlichen Opfer dagegen spricht der Gefangene nicht. Wirklich schuldig gemacht haben sich seinen Worten zufolge sowieso nur andere. Als Opfer sieht er nur sich selbst.

Den Briefen vorausgegangen war meine Bitte um ein Gespräch. Seifert ließ viele Wochen verstreichen, bis er schließlich reagierte und mir seine Vorbehalte gegenüber Journalisten und Buchautoren offenbarte:

»Ich habe in den letzten zwanzig Jahren gelernt, möglichst nicht mit Medien und der Presse zu sprechen, da zum Schluss die sogenannten Reportagen immer zu meinem Nachteil ausgelegt wurden. Andere machten aus meiner Sache das große Geld und die Fantasie ersetzte die Wahrheit! Ich hatte sogar Typen, die haben meine Briefe im Internet versteigert, für unglaubliches Geld!«

Auch mir habe er eigentlich nicht antworten wollen. Erst als ihm seine Anwältin von meinen Recherchen berichtete, habe er sich entschlossen, die Dinge zurechtzurücken. Bevor er aber Details eines möglichen Besuchs nennt, weist er daraufhin, dass er jeden verklagt, der unbewiesene Dinge über ihn in die Welt setzt. Um seine Drohung zu unterstreichen, erinnert er daran, wie lange er gegen den Gerichtsmediziner Püschel mit seinem Antrag auf einstweilige Verfügung prozessierte. Der Ton ist bestimmend, jeder dritte Satz endet mit einem Ausrufezeichen.

Am Ende aber bittet er dann doch um Personalausweisdaten, um meinen Besuch in der Justizvollzugsanstalt anzumelden. Das Gespräch soll in einem »großen Kirchensaal« stattfinden, in dem bis zu hundert Menschen gleichzeitig sein könnten, wie er schreibt. Es gebe Kaffee und eine Auswahl von Torten. Daher dürfe ich zwanzig Euro mitbringen.

»*Bitte pünktlich. Dann können wir frei sprechen, ohne Bewachung.*«

Zwei Wochen später folgt die Absage:

»*Ich muss Ihnen leider mitteilen, dass ich wegen meines schlechten Gesundheitszustandes auf Ihren Besuch verzichten muss. Ich muss ins Haftkrankenhaus für 4 Wochen, denn meine Werte, ob Blutdruck oder Diabetes, sind plötzlich sehr hoch. Die Psyche spielt verrückt, die Nerven liegen blank.*«

Doch fast umstandslos nennt Seifert schon im nächsten Satz andere Gründe für seine Absage.

»*Ich komme, wie es die Gerichte so gerne machen, zur Überzeugung oder zur Annahme: Ihr Werk ist bereits fertig und Sie brauchen nur noch ein paar Zusätze von mir! Es gibt einfach zu viele offene Fragen. […] Steckt die Justiz oder die Bildzeitung dahinter?*«

Noch einmal droht der Gefangene mit rechtlichen Schritten und führt sogar einen »Medien-Anwalt« ins Feld, der ihn vertrete. »Die Wahrheit interessiert E niemand«, lautet der letzte Satz. »Nur ein Monster bringt Umsatz.«

Im gleichen Brief preist Seifert »starkes Material« an, das angeblich für 500 Buchseiten reiche und bei seinem Anwalt bereitliege. »Es kann vergeben werden.« Eine Veröffentlichung sei aber erst nach seinem Tode möglich:

»So lange ich lebe, will ich nicht, dass der Inhalt bekannt wird! Ich habe keinen Nerv mehr, was mein Thema anbelangt, denn gerade von der Justiz sind viele Schweinereien in meiner Sache abgelaufen. […] Ich lege mich nicht mehr mit Juristen an!«

Im nächsten Brief erneuert er das Angebot: »Das könnte für später interessant werden, vielleicht gibt es ja doch noch eine Möglichkeit.« Und wie ein Boxchampion, der die Exklusivrechte über seine Lebensgeschichte feilbietet, fügt er an: »Es wollten schon einige die Copyright-Rechte für Film und Buch kaufen, aber ich lehne ab!« Keine Rede davon, dass er seinen »Nachlass« bereits an *Spiegel-TV* verkaufte.

Es hat den Anschein, dass Seifert das öffentliche Interesse an seiner Person allen Unmutsäußerungen zum Trotz durchaus auch genießt. Darin äußert sich ein Hang zur Selbstüberhöhung, der bereits im psychiatrischen Gutachten Erwähnung fand.

Treu geblieben ist sich der frühere Pelzhändler offenbar ebenso in seinem Hang zur Astrologie. Um mich besser einordnen zu können, analysierte er auch meine Sternkonstellation und schilderte mir in einem seiner Briefe mein Horoskop. Ausgehend von meinem Geburtsdatum ordnet Seifert mich dem Sternzeichen Schlange/Krebs zu, aus dem sich nach chinesischer Lesart angeblich zahlreiche Persönlichkeitsmerkmale ableiten lassen. Guten Eigenschaften wie Einsicht, Klugheit, Mitgefühl und Familiensinn stehen schlechte Eigenschaften wie Geiz, Reizbarkeit, Habgier oder Heuchelei gegenüber. Zusammenfassend kommt Seifert zu folgendem Befund:

»Schlangen sind kühle Denker, sie lieben das Luxusleben, was ihm sehr wichtig ist! Sie schlängeln sich aus jeder schwierigen Situation heraus und sind so klug, wie Schlangen eben sind, um die Umstände überwiegend zu ihrem Vorteil zu verwenden. Krebs/ Schlangen sind die reinsten Lügen-Märchen-Erzähler. Also ist Vorsicht geboten! Sie sind Anpassend und Ihre Meinung wird als Ausschließlichkeit verkauft! Sie ziehen Ihre Befriedigung daraus, andere Menschen zu beherrschen ...«

Im nächsten Brief immerhin stellt Seifert klar, dass er mir »keine Böswilligkeit« unterstelle. »Aber die Angst bleibt!« Und das chinesische Horoskop treffe eben oft zu.

Absolutes Vertrauen aber kann Seifert offenbar nicht mal mehr den Sterndeutern entgegenbringen: »Die Astro-Sache«, schreibt er einschränkend, »ist nur mein Notnagel.«

VI »Die Angst hat eine kalte Hand«
Der Fall wird zum Film

Die sogenannten Säurefassmorde spiegelten sich nicht nur in einem breiten Medienecho wider, sie lieferten auch den Stoff für einen bemerkenswerten Fernsehfilm. Während vor dem Landgericht Hamburg noch der Prozess gegen Lutz Seifert lief, strahlte die ARD zur besten Sendezeit einen Spielfilm aus, der den Hamburger Kriminalfall als Vorlage nutzte: *Die Angst hat eine kalte Hand*.

In beklemmenden Bildern und Dialogen schildert der Film, wie die Krankenschwester Hedi Zoll auf dem Parkplatz ihrer Klinik brutal überwältigt, entführt und von ihrem Peiniger in einem Keller gefangen gehalten wird. Nach einer Woche meldet sie sich – unversehrt, aber verwirrt und verwahrlost – und berichtet in abgerissenen Sätzen, was ihr widerfahren ist. Der lückenhafte Bericht erscheint den Polizeibeamten so wirr, dass ihr zunächst niemand glaubt – bis die im Sittendezernat tätige Kriminalbeamtin Kim Oswald mit dem Fall konfrontiert wird und der Krankenschwester Glauben schenkt. Die engagierte Polizistin müht sich, das Erinnerungsvermögen der Freigelassenen zu aktivieren – und gerät auf die Spur eines Kollegen: Jörg Bohnhart, der Trainer der Polizeihundestaffel, verrät sich anlässlich einer Vorführung mit seinem Hundechor »Bellcanto« durch einen Spruch, an den sich auch die freigelassene Krankenschwester erinnern kann: »Die Angst hat eine kalte Hand«. Doch niemand im Kollegenkreis glaubt der Kommissarin. Sie ist somit gezwungen, auf eigene Faust zu ermitteln und gerät dadurch selbst in Gefahr.

Seine besondere Intensität gewinnt der Film durch seine beiden Hauptdarstellerinnen: Cornelia Froboess spielt die Rolle der traumatisierten Krankenschwester, Katja Riemann verkörpert die couragierte Polizistin. Eine eindringliche Charakterstudie gelingt vor allem Cornelia Froboess. Sie zeigt sowohl die trotzige Stärke, mit der Hedi Zoll ihrem Entführer gegenübertritt, als auch ihre Wut und Verzweiflung, als man ihr später nicht glauben will und sogar unterstellt, mit ihrem Entführer gemeinsame Sache gemacht zu haben.

Wenngleich die Krankenschwester als fiktive Figur angelegt ist, sind die Gemeinsamkeiten mit Christa S. unübersehbar. Es wird deutlich, dass der Hamburger Drehbuchautor Rainer Berg den Kriminalfall nicht nur auf dem Papier studiert, sondern auch ein Gespräch mit der Hauptbetroffenen geführt hat. Der Drehbuchschreiber, der zuvor schon die Vorlagen für die Vorabendserie *Großstadtrevier* (Regie: Jürgen Roland) und die Schweden-Krimis von Sjöwall/Wahlöö lieferte, erinnert sich:

»*Wir haben zwei bis drei Stunden miteinander gesprochen, und Frau S. hat mir Details ihrer Entführung berichtet, die so verrückt, so eindrucksvoll waren, dass ich sie fast im Originalton aufgenommen habe. Dass sie ihrem Entführer gesagt hat, dass sie nicht noch dicker werden wollte und darum nur Äpfel gegessen hat. Dass sie die Aufkleber der Äpfel hinter das Bettgestell geklebt hat. Dass sie ihren Entführer ›Hans im Glück‹ genannt und ihre Angst niedergekämpft hat.*«

»Total entspannt« habe Christa S. zumeist von ihren furchtbaren Erlebnissen berichtet, sagt Berg. Große Empörung aber habe mitgeschwungen, wenn sie von der Reaktion der Justiz erzählt habe: Dass man sie beschuldigte, gemeinsame Sache mit dem Entführer gemacht zu haben und ihrem Peiniger mehr glaubte als ihr.

»Das war für sie so schlimm wie die Entführung selbst, das hat ihren Glauben an den Rechtsstaat erschüttert. Die eigentlichen Gegenspieler waren für sie am Ende auf Seiten der Justiz.«

Das besonders Spannende an diesem Stoff sei gewesen, »dass ein Opfer die psychische Kraft aufbringt, in so einer Situation Stärke zu zeigen und sich aus seiner Opferrolle zu befreien«, sagt Berg.

»Zu sagen: Ich bin kein Opfer, ich lasse mich nicht zum Opfer machen und zeige meine Angst nicht. Damit hat sie den Täter aus dem Konzept gebracht und verunsichert. Sie hat ihn so durcheinander gebracht, dass seine übliche Inszenierung, seine Rituale gesprengt wurden. Er war plötzlich nicht mehr Herr im Ring und hat dadurch Dinge gemacht, die aus seiner Sicht völlig unvernünftig waren.«

Die Rolle des Entführers spielt in den Film Udo Samel, der eigentlich nicht wie der klassische Bösewicht wirkt. Samel habe sich anfangs auch sehr unwohl in der Rolle des perversen Polizeihundeführers gefühlt, sagt der Drehbuchautor. »Um sich in Stimmung zu bringen, hat er immer ein Stilett in der Hosentasche getragen.«

Während vor dem Landgericht der Prozess lief, wurde an anderen Orten Hamburgs schon der Film gedreht – zum Beispiel auf dem Gelände der Polizeihundeschule. Eine leerstehende Villa in Blankenese wurde zu dem heruntergekommenen

Ausflugslokal, das die freigelassene Krankenschwester bewohnt.

Der Film konzentriert sich weitgehend auf die Entführung und anschließende Ermittlungsarbeit der Kriminalkommissarin. Die vorangegangenen Frauenmorde kommen nur am Rande vor. Doch gerade durch diese Verknappung gewinnt der Film.

Die Filmkritik lobte die WDR-Produktion denn auch in den höchsten Tönen. »Die beiden Heldinnen verkörpern unterschiedliche Stadien weiblichen Zorns auf männliche Brutalität und Borniertheit«, schrieb der *Spiegel*. »Ein feministischer Thriller ohne Sprüche und Klischees.« Besonders gerühmt wird Cornelia Froboess. »Von ihr gehen trotz aller Qual Würde und Kraft aus«, heißt es in der *Spiegel*-Kritik.

Im gleichen Jahr wurde Cornelia Froboess für die Rolle der Hedi Zoll mit dem Telestar als beste Darstellerin in einem Fernsehspiel ausgezeichnet. Darüber hinaus erhielt die Schauspielerin 1996 den Sonderpreis der Baden-Badener Tage des Fernsehspiels. Regisseur Matti Geschonneck wurde für den Film mit dem Sonderpreis der Akademie für darstellende Künste ausgezeichnet.

Drehbuchautor Berg erhielt zwar keinen Preis, gewann aber an Ansehen. Nach *Angst hat eine kalte Hand* erhielt der Hamburger den Zuschlag für einen Film über die Oetker-Entführung. Richard Oetker habe lange gezögert, bevor er seine Einwilligung gegeben habe, sagt Berg. Nachdem er den Film über den Hamburger Entführungsfall gesehen habe, habe er einen Teil seiner Bedenken überwunden. So entstand 2000 der Film *Tanz mit dem Teufel*, der sich an der Entführung des Studenten Richard Oetker orientiert – und wie *Angst hat eine kalte Hand* auf einem Parkplatz beginnt.

Die Lust am Bösen – Sadomasochismus: Das Spiel mit dem Feuer

SADOMASOCHISMUS

1.

Nicht jede menschliche Handlungsweise lässt sich schlüssig erklären. Wie akribisch Psychologen und Psychiater auch immer die Untiefen der Seele ausleuchten, manches bleibt im Dunkeln. Dies gilt in besonderem Maße für die Hamburger Säurefassmorde, deren Grausamkeit das Vorstellungsvermögen sprengt. Bei aller Fassungslosigkeit kann hier indessen kein Zweifel daran bestehen, dass die sadomasochistischen Neigungen des Täters bei der Frage nach dem Warum von entscheidender Bedeutung sind. Lutz Seifert hat nie ein Hehl daraus gemacht, dass ihn das Quälen und Gequältwerden von Jugend an sexuell erregte, und der Psychiater Hans-Jürgen Horn diagnostiziert in seinem Gutachten eine – nach dem Gesetz – »schwere seelische Abartigkeit« in Gestalt einer sadomasochistischen Triebstruktur. Es sei denkbar, dass Seifert sich bei seinen Taten in einen »Sexualrausch« hineingesteigert habe, folgert Horn.

Doch sadomasochistische Fantasien und Sexualpraktiken können nicht von vornherein als gefährlich oder krankhaft eingestuft werden. Sie sind in unserer Gesellschaft weit verbreitet – und in der Regel unproblematisch. Fesselspiele zum Beispiel gehören für viele Paare als Vorspiel zum Sex ganz selbstverständlich dazu, und Peitschen und Gepeitschtwerden erhöht aus Sicht zahlreicher Deutscher den Lustgewinn enorm.

Bei einer Befragung im Zusammenhang der *Berliner Männerstudie* bekannten sich zwanzig Prozent der befragten 373 Männer zu Sexualfantasien, die das Quälen anderer Menschen zum Inhalt hatten. Nur geringfügig weniger nannten Fantasien, die um Demütigung und Gedemütigtwerden kreisen. Deutlich mehr als zehn Prozent der Befragten gaben an, dass Dinge dieser Art für sie auch als Begleitfantasien bei der Selbstbefriedigung eine Rolle spielen oder Teil ihrer Sexualpraxis sind. Der Dresdner Psychologieprofessor Jürgen Hoyer kommt in seinem Aufsatz *Sadomasochismus – kognitiv-verhaltenstherapeutische Perspektiven* nach der Auswertung unterschiedlicher Studien zu dem Ergebnis, »dass spielerischer Umgang mit Themen wie Dominanz und Unterwerfung, Schmerz und Qual, Demütigung und Herabwürdigung das sexuelle Interesse nicht nur bei einer eng begrenzten Minderheit stimuliert«.

Die überwiegende Mehrheit der Experten wertet denn auch solche Fantasien und Sexualpraktiken nicht mehr als schädliche Neigungen, als Störungen oder Perversionen, sondern als akzeptable Formen des Lustgewinns in einem breit gefächerten Spektrum von Spielarten der Sexualität und Erotik.

Was ist auch schon »normal« im Bereich der Sexualität? Wie weit die sexuellen Vorlieben von den moralischen Normen entfernt sind, zeigten schon in den fünfziger Jahren des vergangenen Jahrhunderts die Kinsey-Reports. In einer Nachfolgeuntersuchung berichteten 61 Prozent der befragten Männer von Fantasien, junge Mädchen zu verführen – 33 Prozent der Befragten hatten sogar Vergewaltigungsfantasien.

Und solche Normabweichungen beschränken sich nicht auf den Bereich der Fantasie. Bei einer Befragung von sechzig Studenten bekannten sich rund 65 Prozent zu Sexualpraktiken, die sich jenseits des Üblichen bewegten. 42 Prozent hatten schon mal heimlich andere beim Geschlechtsverkehr beobachtet (Voyeurismus), 35 Prozent hatten sich nach ihren Angaben in Menschengruppen immer wieder mal an anderen gerieben, um sich sexuell zu erregen (Frotteurismus) und drei Prozent gaben zu, Kontakte mit Mädchen zu haben, die jünger als zwölf Jahre waren (Pädophilie).

Wie im Bereich der gleichgeschlechtlichen Liebe in den vergangenen Jahren die Tabus fielen, hat fast schon den Charakter einer sexuellen Revolution. Nicht nur Künstler, Dichter und Denker wie in der Vergangenheit bekennen sich mittlerweile zu ihren lesbischen oder homosexuellen Neigungen, sondern auch Politiker und Sportler. Sogar ein Fußballspieler: Thomas Hitzlsperger, der zumindest in seiner aktiven Zeit ein Idol für viele junge Männer war und als »ganzer Kerl« galt, dürfte mit seinem umjubelten Outing neue Maßstäbe gesetzt haben.

Auf dem SM-Sektor hat der Bestseller *Shades of Grey* die Fantasien offensichtlich zusätzlich beflügelt. Der durchschlagende Erfolg der britischen Autorin E. L. James hat eine Flut von ähnlich angelegten Erotikbüchern nach sich gezogen und Millionen von Lesern auf der ganzen Welt auf den Geschmack gebracht oder zumindest darin bestärkt, dass sie mit ihren Fantasien nicht allein stehen, sondern Teil einer großen Gemeinde sind – mögen die Klischeedarstellungen in dem Kitschroman von den Vertretern der »echten« SM-Szene auch noch so bespöttelt oder verhöhnt werden. Zum eigentlichen Kultbuch des harten Kerns etablierte sich lange vor *Shades of Grey* der Roman *Die Geschichte der O*, den die französische Lektorin Dominique Aury schon 1954 unter dem Pseudonym Pauline Réage veröffentlichte. Der Roman wurde seither mehrfach verfilmt und dadurch immer bekannter. Auch *Shades of Grey* wird bald in die Kinos kommen – und der »gefährlichen Liebe« damit vermutlich noch mehr Auftrieb geben.

Davon profitieren auch die SM-Clubs, die sich in den vergangenen Jahren in allen deutschen Städten ausgebreitet haben. Einer der ältesten Clubs dieser Art ist der *Club de Sade* in Hamburg. Angeregt von den Geschichten des Marquis de Sade kam der Hamburger Peter W. Ernst schon Ende der sechziger Jahre auf die Idee, den »Liebhabern bizarrer Lüste« ein Etablissement mit Streckbänken, Käfigen, Flaschenzügen und anderen Folterinstrumenten anzubieten. Heute verfügt der Club auch über ein sogenanntes Klinikum, wo zum Beispiel ein Gynäkologenstuhl auf die Besucher wartet. Ein spezieller Lehrgang führt ein in »Tipps und Tricks für Doktorspiele und Klinikerotik« – laut Website mit Einlauf, Harnröhrendehnung und Hodeninfusion. Die Teilnehmergebühr für zwei Stunden beträgt 400 Euro. Schmerzen inklusive. Doch wenn's weh tut, kommen manche offenbar erst richtig in Wallung.

Extras haben natürlich ihren eigenen Preis. Solche Extras liegen meist im Bereich des Fetischismus, der sich mit SM häufig mischt. Die einen haben eine Vorliebe für Gummistiefel, die anderen finden Schlachterschürzen erregend.

SADOMASOCHISMUS

2.

Vor allem das Internet hat zur Expansion der SM-Szene beigetragen. Immer mehr Gleichgesinnte tauschen auf virtuellem Wege ihre Fantasien und Wünsche aus oder verabreden sich zu einem Zweiertreff oder einer SM-Party: Das größte deutsche Internetportal auf diesem Sektor, das sich nicht ohne Selbstironie *Sklavenzentrale* nennt, wird allein schon von 190 000 registrierten Mitgliedern genutzt. Davon haben 40 000 das »Real-Zeichen«, was bedeutet, dass andere Nutzer bestätigt haben, das Mitglied persönlich zu kennen. Jedem Mitglied wird ein Basisprofil zur Verfügung gestellt, das mit Angaben zu Person und sexuellen Vorlieben, mit Bildern, Freitext oder auch Tagebuchnotizen gefüllt werden kann. Wer Lust hat, kann sich auch mit anderen Mitgliedern verabreden.

Die *Sklavenzentrale* hat etwas von einer Parallelwelt. Neben öffentlichen Diskussionsforen, Bildergalerien und einem Online-Magazin vereint die SM-Community unter ihrem Dach etliche Chaträume, Klein- und Kontaktanzeigen sowie einen Termin- und Veranstaltungskalender. Zudem sind der *Sklavenzentrale* zahlreiche nicht-öffentliche Foren angeschlossen – zum Beispiel mehr als 500 sogenannte Zirkel, gut 200 Gruppen und rund 450 Stammtische.

Und die *Sklavenzentrale* ist bei weitem nicht das einzige Internetportal für SM-Interessierte. Für fast alle Spielarten des Sadomasochismus findet sich eine virtuelle Begegnungsstätte im weltweiten Netz. Sogar für Kannibalen. Spätestens seit dem Fall des »Kannibalen von Rotenburg« ist bekannt, dass sich im Internet Seelenverwandte dazu verabreden, einander zu töten und aufzuessen – nicht nur in der Fantasie.

Neben derartigen Online-Treffs gibt es auch Begegnungsstätten aus Holz und Stein. Nach Angaben der Bundesvereinigung *Sadomasochismus BVSM e. V.* existieren in Deutschland rund hundert Anlaufstellen für Menschen mit SM-Neigungen. Gemessen an der unübersehbaren Zahl der Internetnutzer ist die Zahl der Besucher aber überschaubar. Das gilt auch für die Gruppen, die dem Netzwerk der Bundesvereinigung angeschlossen sind. Nur ein Bruchteil der SM-Interessierten trifft sich offenbar in realen Räumen oder versammelt sich bei der *Folsom-Europe-Parade* in Berlin zu einem Straßenfest gemeinsam mit Schwulen, Lesben und Lederfetischisten.

3.

Glaubt man den unterschiedlichen Erhebungen ist das SM-Potenzial riesig. Abhängig von der Fragestellung äußern in der Bundesrepublik zwischen 800 000 und acht Millionen Menschen Interesse am Spiel mit Fesseln und Peitsche, Folter und Erniedrigung.

Um die ganze Vielfalt des SM-Spektrums anzudeuten, sprechen Eingeweihte und Experten mittlerweile von BDSM – der Abkürzung für die englischen Begriffe Bondage (Fesselspiele), Discipline, Dominance and Submission, Sadism and Masochism. Die spielerische Disziplinierung des Partners wird dabei ebenso angerissen wie Unterordnung und Unterwerfung (Dominance and Submission).

Die Szene hat ihre eigene Sprache und ihre eigenen Regeln. Sie gefallen sich in Anglizismen und halten »Sessions« ab. Sie legen sich Daumenschrauben und Hundehalsbänder an, lassen sich ans Andreaskreuz oder an die Streckbank fesseln, sie züchtigen oder unterwerfen sich, und sprechen bei all dem von einem harmlosen Spiel mit eigenverantwortlichen, risikobewussten Partnern.

Einige Grundbegriffe: Üblicherweise verabreden sich die Akteure zu einem erotisch geprägten Rollenspiel, bei dem sich die Beteiligten spielerisch in ein Machtgefüge begeben. Auf der einen Seite steht der unterwürfige (devote), auf der anderen der bestimmende (dominante) Partner. Der (oder die) Devote, »Sub« oder »Bottom« genannt, gibt seine Selbstbestimmung auf, lässt sich erniedrigen oder gar zum Sklaven machen, und der (oder die) Dominante, »Dom« oder »Top« genannt, übernimmt die Rolle des Tonangebenden. Die Rede ist von »Power Exchange«, auf Deutsch: Machtübertragung. Dabei ist es auch durchaus möglich, dass die Partner

»switchen«, so dass die Rollen getauscht werden und der Devote zum Dominanten wird und umgekehrt. Ausgangslage dieses Spiels sollte auf jeden Fall die vollständige Gleichberechtigung sein. Und da der eine sich dem anderen vollständig hingibt, ja unterwirft, setzt diese Art von BDSM-Sex zudem ein großes gegenseitiges Vertrauen voraus. Lutz Seifert hätte daher in der Szene selbstverständlich keinen Platz. Denn bei seiner Art der sadistischen Misshandlungen fehlen diese entscheidenden Voraussetzungen.

Die Grundprinzipien des BDSM werden seit den neunziger Jahren mit den englischen Schlagwörtern »safe, sane and consenual« zusammengefasst – frei übersetzt: sicher, vernünftig und einvernehmlich. Wichtig dabei ist, dass die Beteiligten wissen, worauf sie sich einlassen und die Konsequenzen ihres Tuns einschätzen können. Geht es einem der Partner dann doch zu weit, muss immer auch die Möglichkeit bestehen, die Notbremse zu ziehen. Dafür wird üblicherweise zuvor ein Codewort vereinbart, das sogenannte Safeword – notfalls müssen Augenkontakt und Handzeichen reichen. Ob es im Ernstfall nützt, steht auf einem anderen Blatt. Die Verletzungsgefahr jedenfalls ist – besonders bei bestimmten Fesselungstechniken – nicht gering. Selbstverständlich hat Seifert seinen Opfern keine Chance geboten, ihre Qualen durch ein Signalwort zu beenden oder gar einfühlsam stumme Appelle beachtet. Und die Schmerzen, die die beiden Frauen empfanden, hatten nichts mit dem »Lustschmerz« zu tun, von dem die BDSM-Verfechter sprechen. Die Schmerzen, die sich bei den Rollenspielen einstellen, sollen nämlich Endorphine freisetzen und damit rauschhafte Glücksmomente nach sich ziehen.

Die BDSM-Anhänger indessen verwahren sich gegen die verbreitete Auffassung, wonach Sadomasochisten in ihrem alltäglichen Leben gewalttätig sind oder Lust am Leiden empfinden. Es gibt sogar die Ansicht, SM sei geeignet, Aggressionen in harmlosen Sex zu verwandeln oder traumatische Kindheitserlebnisse in die Triumphgefühle von Erwachsenen zu transformieren. Der Schweizer Psychoanalytiker Fritz Morgenthaler vertritt die These, dass Sadomasochismus wie eine Plombe wirkt, die einen sonst drohenden seelischen Zusammenbruch verhindert.

Nur wenige Menschen gehen wegen ihrer sadomasochistischen Neigungen zum Psychiater oder Psychologen – möglicherweise hindert Scham oder Angst vor Ausgrenzung manche daran, eine Behandlung aufzunehmen.

Tatsächlich aber kommt es bisweilen zu Problemen, wenn Quälen und Demütigen zur Quelle des Lustgewinns wird. Findet sich zum Beispiel kein passender Partner, bleibt oft nur der Weg ins kommerzielle SM-Studio, oder es müssen Kompromisslösungen angestrebt werden. Aber das ist nicht immer leicht. Die Grenze zum Krankhaften wird nach gängiger Expertensicht überschritten, wenn Beteiligte körperliche oder seelische Leiden davontragen, die Partnerbeziehung Schaden nimmt oder das Funktionieren im Alltag oder Berufsleben beeinträchtig ist.

Behandlungsbedarf für »sexuellen Sadismus« besteht nach dem Regelwerk des *Diagnostischen und Statistischen Manual* (DSM), wenn folgende Voraussetzungen vorliegen:

»a) Über einen Zeitraum von mindestens sechs Monaten wiederkehrende intensive sexuell erregende Phantasien, sexuell dranghafte Bedürfnisse oder Verhaltensweisen, welche reale (nicht simulierte) Handlungen beinhalten, in denen das physische und psychische Leiden (einschließlich Demütigung) des Opfers sexuell erregend ist.

b) Die Person hat das sexuell dranghafte Bedürfnis mit einer nicht einverstandenen Person ausgelebt, oder die sexuell dranghaften Bedürfnisse oder Fantasien verursachen deutliches Leiden oder zwischenmenschliche Schwierigkeiten.«

»Sexueller Masochismus« ist nach dem gleichen Regelwerk behandlungsbedürftig, wenn folgende Voraussetzungen erfüllt sind:
»a) Über einen Zeitraum von mindestens sechs Monaten wiederkehrende intensive sexuell erregende Phantasien, sexuell dranghafte Bedürfnisse oder Verhaltensweisen, welche einen (realen, nicht simulierten) Akt der Demütigung, des Geschlagen- bzw. Gefesseltwerdens oder sonstiges Leiden beinhalten.
b) Die Phantasien, sexuell dranghafte Bedürfnisse oder Verhaltensweisen verursachen in klinisch bedeutsamer Weise Leiden oder Beeinträchtigungen in sozialen, beruflichen oder anderen wichtigen Funktionsbereichen.«

Diese schematische Einordnung lässt es offen, ob eine Person sowohl sadistische als auch masochistische Neigungen hat oder ausschließlich von der einen oder anderen Komponente geprägt ist. Beides ist in der Realität möglich, beides wird in Partnerbeziehungen gelebt. Dabei kommt es allerdings eher selten zu solch krankhaften Auswüchsen, wie sie in den Richtlinien beschrieben sind.

Doch die Grenzen zwischen Spiel und Gewalt, zwischen einvernehmlichem Sex und sexueller Misshandlung sind schwer zu ziehen. Denn nicht jeder, der bestrebt ist, seine Gewaltfantasien auszuleben, hält sich an die Grundsätze der BDSM-Szene. Die Grauzone ist groß.

4.

Schon der Namenspatron des Sadismus lebte seine Fantasien hemmungslos aus. Der französische Adelsspross Donatien-Alphonse-François de Sade (1740–1814) schockierte seine Zeitgenossen und die Nachwelt nicht nur mit seinen Schriften, sondern auch mit persönlichen Eskapaden. Dabei kam der vielgescholtene Provokateur aus noblem Hause: Seine Mutter entstammt einem Königsgeschlecht, sein Vater herrschte als Statthalter über vier Provinzen, und der blaublütige Sohn erblickte das Licht der Welt in einem Pariser Stadtschloss. Trotzdem war de Sades Kindheit nicht auf Rosen gebettet. Denn bald schon hatten seine Eltern keine Zeit mehr für ihren Jungen. Im Alter von vier Jahren kam er zu seiner Großmutter, mit zehn musste er in ein Jesuitenkolleg umziehen, mit vierzehn hatte er sich dem Drill einer Militärakademie zu unterwerfen und im Alter von sechzehn Jahren zog er bereits in den Siebenjährigen Krieg.

Als er dann aber 1763 ins Zivilleben zurückkehrte, ließ er es ordentlich krachen. Er trank, spielte, hurte, taumelte von einer Liebschaft zur nächsten, duellierte sich und versank immer tiefer in Schulden. Da seine Familie ebenfalls in Geldnöte geriet, war sein Vater froh, als der verschwendungssüchtige Stammhalter endlich eine reiche Dame fand, die ihn heiratete. Nach außen hin führte der Marquis daraufhin zwar vorübergehend so etwas wie eine respektable Ehe, teilte aber zugleich das Bett mit Schauspielerinnen und Kurtisanen, missbrauchte Prostituierte und Hausangestellte beiderlei Geschlechts, peitschte eine Bettlerin aus, praktizierte Gruppensex, feierte Orgien und erregte einen Skandal nach dem andern. Wegen Sodomie in Verbindung mit einem angeblichen Giftmordanschlag wurde er schließlich

1772 in Abwesenheit zum Tode verurteilt. Fünf Jahre war er auf der Flucht, bis er bei seiner Rückkehr nach Paris doch noch verhaftet wurde. Die Todesstrafe blieb ihm aber erspart. Sie wurde in eine langjährige Gefängnisstrafe umgewandelt. Elf Jahre verbrachte der Marquis hinter Gittern. Da seine vermögende Frau, wie damals in den höheren Kreisen üblich, für seine Haft zahlte und ihn mit erstklassigem Essen und Leckereien versorgte, litt er aber keine materielle Not. In seiner Zelle begann er, provokante Romane, Theaterstücke und Traktate zu schreiben – zum Beispiel seinen heute berühmtesten Roman *Die 120 Tage von Sodom*. Im Revolutionsjahr 1789 rief er – aus der Bastille heraus – zum Sturm auf die Bastille auf. »Sie töten Gefangene hier drinnen«, soll er den Aufständischen zugeschrien haben. Sein Ruf war von Erfolg gekrönt. Er selbst wurde daraufhin zwar in die Irrenanstalt Charenton verlegt, kam aber bald frei. Er gesellte sich zu den Jakobinern, nannte sich ganz bürgerlich Luis Sade und stieg auf zum Paradiesvogel der Französischen Revolution; zeitweise agierte er sogar als Richter. Wegen seiner sexuellen Entgleisungen wurde er aber erneut eingesperrt und zum Tode verurteilt. Doch er wurde ein zweites Mal begnadigt, wieder freigelassen und am Ende für verrückt erklärt.

Sein Todestag liegt 200 Jahre zurück, das Datum dürfte ihn verstärkt in Erinnerung bringen: De Sade starb am 1. Dezember 1814 in der Irrenanstalt Charenton, wo er noch kurze Zeit zuvor mit Mitpatienten eigene Theaterstücke inszeniert hatte. Über 150 Jahre hinweg blieben seine Werke verpönt und zum großen Teil verboten. Gleichwohl wurden sie nachgedruckt und diskutiert. Für die einen war er ein verkommenes Subjekt, der schlimmste Wüstling seiner Zeit, die Menschwerdung des Perversen und Amoralischen. Die anderen feierten ihn als Helden der Moderne, als subversiven, kompromisslosen Verfechter des Nonkonformismus. »Er hat in Abgründe geleuchtet, die vergessen schienen, und Zusammenhänge nachgewiesen, die sich noch keiner einzugestehen gewagt hatte«, schrieb sein Biograph Walter Lennig. »Die totale Schamlosigkeit bei alldem kann man auch Wahrheitsliebe nennen.« Nach Ansicht Lennigs leistet de Sade auch einen Beitrag zum Verständnis des kollektiven Sadismus, der in den Folterkammern und Konzentrationslagern des NS-Regimes zutage getreten ist. »Dieses Phänomen hat der ›Citoyen Sade‹ während der Schreckensherrschaft (der Französischen Revolution) erkannt, als Menschenmassen von Neugierigen genussvoll die Guillotine umlagerten.«

Lange vor Sigmund Freud hob der Marquis die Bedeutung des Geschlechtlichen hervor, dachte aber im Unterschied zu dem Mann mit der Couch nicht im Traum daran, sexuelle Normabweichungen heilen zu wollen. Im Gegenteil: Er feierte sie und stellte damit gleichzeitig die moralischen Kategorien von Gut und Böse in Frage. »Das Laster trägt den Sieg davon«, lautete sein Credo. »Die Tugend ist widernatürlich und dem Untergang geweiht.«

Und de Sade ging noch weiter, indem er die Grenze zwischen Spiel und Ernst, Lustgewinn und Gewalt verwischte und provokativ den Gesetzesbruch verherrlichte:

»Verbrechen ist die Seele der Lust. Was wäre Vergnügen ohne Verbrechen? Es ist nicht die Prasserei, die uns Spaß macht, sondern die Idee des Bösen.«

Das ist sicher nicht so ganz wörtlich zu nehmen, treibt de Sades Moralkritik aber eingängig auf die Spitze. An anderer Stelle verkündete der Verfechter solcher Antimoral:

Die Lust am Bösen

»Man muss dem Objekt, das man begehrt, Schmerzen zufügen. Wenn es überlebt, ist das Vergnügen größer.«

Der Mensch, beherrscht von seinen natürlichen Trieben, kann nach dieser anarchischen Philosophie zur wilden, grausamen Bestie werden. Aber das ist nur die eine Seite der Medaille: De Sade machte kein Hehl daraus, dass ihm auch das Erleiden solcher Grausamkeit Lust und Befriedigung vermittelte, Sadismus und Masochismus also in einem dialektischen Wechselspiel miteinander verbunden sind.

Die andere Seite des Sadomasochismus verbindet sich dem Namen nach mit dem österreichischen Schriftsteller Leopold von Sacher-Masoch (1836–1895), der triebhaftes Schmerz- und Unterwerfungsverlangen in poetische Bilder und Geschichten übersetzte. Ganz anders als de Sade führte Masoch aber ein eher sittsames Leben und wurde am Ende sogar mit einem Orden dekoriert. Hendrik Ibsen zählte zu seinen Bewunderern, König Ludwig II. von Bayern soll eine Seelenverwandtschaft mit Masoch verbunden haben. In einem ganz unpoetischen Zusammenhang trat der Name Masoch auf, als im Jahre 1886 der Psychiater Richard von Krafft-Ebing seine *Psychopathia sexualis* veröffentlichte. Darin hatte der Autor bestimmte Verhaltensweisen unter dem Begriff Masochismus zusammengefasst. Sacher-Masoch und seine Anhänger wehrten sich heftig gegen diese Namensgebung. Doch vergebens: Der Begriff setzte sich durch – insbesondere in Kombination mit dem Namen des Marquis de Sade.

5.

In Teilen der SM-Szene gilt Marquis de Sade heute noch als Idol. Die Geisteshaltung des französischen Exzentrikers klingt auch in einem Text des Hamburger Religionswissenschaftlers Holger Tiedemann an, der in dem Sammelband *Lust-voller Schmerz* erschienen ist.

»*SM ist Provokation und zielt mindestens implizit auf Öffentlichkeit. Was in einer Gesellschaft als SM gilt, hängt ab von ihren Schmerzgrenzen.*«

Zum anderen ist für Tiedemann Sadomasochismus immer Inszenierung – durchmischt von Spiel und Gefahr.

»*Die Akteure treten heraus aus ihrem ›Alltags-Selbst‹, sie spielen mit ihren Möglichkeiten, um Grenzen auszuloten. Diese Rollenübernahme führt nicht in eine Scheinwelt. Das Selbst stößt vielmehr im Spiel auf Ureigenstes: auf Ängste, Lüste, Phantasien, die im Alltag nicht erlebbar sind. [...] Die SM-Inszenierung muss Vertrauen versprechen, aber gleichzeitig die Einhaltung dieses Versprechens im Ungewissen lassen. Ohne dieses Ungewisse, Bedrohliche bleibt Angst nicht erfahrbar. ›Harmlos‹ ist es nicht, was hier passiert – so sehr dies auch gelegentlich beteuert wird. Es ist ›gefährlich‹, allerdings nicht im Sinne der Boulevardpresse, die schon bei einer Landrätin mit Latexhandschuhen phobisch wird.*«

Der Psychoanalytiker Franco de Masi betont demgegenüber stärker die Gefahren, die dem Sadomasochismus innewohnen. Der Sadomasochist ist nach Auffassung de Masis viel zu sehr mit seinen eigenen Fantasien beschäftigt, um auf andere eingehen zu können. Insofern gleiche die Lust am Bösen einem egozentrischen Seelenzustand, der der Sucht nahekomme. Die »perverse Lust« zielt demnach darauf ab, die komplette Persönlichkeit zu beherrschen und setzt damit eine Dynamik wie bei einem Drogenabhängigen in Gang.

Nach diesem Konzept ist es gut denkbar, dass die Dosis fortlaufend gesteigert werden muss, um Lustgewinn zu garantieren. Mit anderen Worten: Einvernehmliche harmlose Folterspiele zum Beispiel können aus Sicht de Masis irgendwann langweilig werden, so dass immer mehr Brutalität ins Spiel kommt – mit der Gefahr, dass sich Spiel in grausamen Ernst verkehrt.

Ausgehend von der Todestriebtheorie Sigmund Freuds sieht der Psychoanalytiker André Green noch eine andere Gefahr: die Tendenz, wonach der Partner nur noch als totes Objekt betrachtet wird und die »Objektverschmelzung« beim Lustgewinn keine Rolle mehr spielt. In seinem Text *Wann ist SM krank?* greift der Hamburger Psychoanalytiker diese These auf:

»Wenn keinerlei Wunsch nach Objektverschmelzung mehr das Begehren mitbestimmt, ist das Objekt nicht einmal mehr als ›Ding‹ für die Lustgewinnung geeignet. […] Dann aber droht gleichzeitig dem Subjekt latent das tödliche Erlöschen. […] Dies schafft eine Dynamik, in der die Sexualisierung nicht länger vor dem Durchbruch mörderischer Destruktivität schützt.«

Wie sich die sexuelle Fantasie aus der Welt des Alltäglichen zu einer psychischen Störung, ja Perversion entwickeln kann, zeigt die Psychoanalytikerin Ruth Stein anschaulich in ihrem Aufsatz *Verkehrte Liebe und der perverse Pakt*:

Am Anfang steht die Anziehungskraft einer Frau mit Stöckelschuhen, die die Beine der Frau ganz besonders schlank und sinnlich wirken lassen. In einer zweiten Stufe der psychischen Verfassung wird der Betrachter nur noch sexuell erregt, wenn die Dame Stilettos trägt, und am Ende der Stufenleiter steht der Schuhfetischist, bei dem alles Sinnlich-Erregende ohne Bezug zu der Frau bleibt, die den Schuh getragen hat.

Dass das Objekt der Begierde, also der Sexualpartner, in den Hintergrund tritt, trifft auch auf Männer wie Lutz Seifert zu. Der Begriff Sadomasochismus führt bei Sexualstraftätern dieses Typs häufig in die Irre. Treffender ist es in der Regel, von Sadismus zu sprechen. Wolfgang Berner, der langjährige Direktor des Instituts für Sexualforschung und Forensik am Universitätskrankenhaus Eppendorf, weist in seinem Buch *Perversion* darauf hin, dass bei einer Gruppe von sadistischen Sexualmördern nur 13 Prozent »Zeichen von gelebtem Masochismus« zeigten.

Peer Briken, Berners Amtsnachfolger am Institut für Sexualforschung, betont, dass bei sadistischen Straftätern, die Beziehungslosigkeit im Vordergrund steht:

»Die Lust am Erniedrigen und Quälen bekommt bei ihnen etwas sehr Instrumentelles. Nach den Schilderungen mancher Täter entsteht nicht so sehr der Eindruck mangelnder Fähigkeiten, sich in die Reaktionen der Opfer einzufühlen, sondern im Vordergrund steht die völlig konträre Bewertung der Emotion des Gegenübers. Die Angst des Opfers erzeugt nicht Mit-, sondern Hochgefühl.«

Dies entspricht exakt dem, was die entführte Christa S. nach ihrer Freilassung über ihren Peiniger Lutz Seifert ausgesagt hat. Und es deckt sich auch mit den Aussagen des Kindermörders Jürgen Bartsch, der in den sechziger Jahren vier

Jungen im Alter von acht bis dreizehn Jahren in einen Luftschutzbunker lockte, mit Schlägen und Fußtritten malträtierte, fesselte, tagelang quälte und missbrauchte, bis er sie erwürgte und ihre Leichen zerstückelte. Besonders erregend sei es für ihn gewesen, wenn er in die verstörten Augen seiner Opfer geblickt habe, berichtete der Metzgergeselle vor Gericht.

»Die Hilflosigkeit des Opfers schürt den Sadismus des Aggressors nur noch mehr«, schreibt der Psychoanalytiker Franco de Masi in seinem Buch *Die sadomasochistische Perversion*. Aus der sehr genauen Beschreibung, die Bartsch dem Gericht gab, ging indessen hervor, dass er den Höhepunkt der sexuellen Erregung nicht während der Masturbation erreichte, sondern erst beim Zerschneiden der Leichen. Auch in dieser Hinsicht besteht offenkundig eine Parallele zum Fall des Hamburger Pelzhändlers.

Aus Sicht de Masis entwickelt sich der kriminelle Sadismus dieser Art in einem schleichenden Prozess aus sadomasochistischen Fantasien heraus. Jürgen Bartsch selbst etwa habe vor Gericht ausgesagt, dass sein Geist sich mit dem dreizehnten und vierzehnten Lebensjahr immer mehr verwirrt habe, »bis er schließlich keine Macht mehr hatte über die Ereignisse, die ihn dann fortreißen sollten«. Lange Zeit habe er noch gehofft, dass ihm das Beten helfen könne. Doch vergebens. Dazu de Masi:

»Wir wissen nicht, warum die ausgelebte Grausamkeit und das Zufügen von Leid eine mentale orgiastische Erregung hervorrufen. Wir können lediglich zur Kenntnis nehmen, dass die Grausamkeit durch die Verknüpfung mit der sexuellen Ekstase immer verheerender und gefährlicher wird.«

Sadomasochismus

Der Fall Bartsch zeigt aber auch, dass viel zusammenkommen muss, bevor es so katastrophal endet. Jürgen Bartsch, dessen Mutter gleich nach der Geburt starb, wuchs als Adoptivkind im Haus eines Essener Fleischers auf und verbrachte seine ersten Lebensjahre in einem Kellerraum mit vergitterten Fenstern und Kunstlicht. Da die Adoption umstritten war, fürchteten die Adoptiveltern, dass man ihnen den Jungen wieder nehmen könnte. Als er gerade erst zehn Jahre alt war, kam Jürgen Bartsch schon in ein Heim, wo er offenkundig missbraucht wurde. Zweimal sei er aus dem Heim geflohen, sagte Bartsch später vor Gericht. Er habe es dort einfach nicht mehr ausgehalten. Aber er sei immer wieder eingefangen worden und habe sich schließlich den Launen und der Gewalt der Erzieher unterworfen, während sich hinter der äußeren Fassade eine mörderische Wut aufstaute. Später habe er sich dann den entführten Jungen gegenüber genauso hart und gefühllos verhalten, wie er zuvor von den Erwachsenen behandelt worden sei – und dabei so etwas wie Lust empfunden.

Selbstverständlich sind damit grausame Verbrechen, wie sie Jürgen Bartsch begangen hat, nicht zu entschuldigen. Aber der Rückblick auf Kindheit und Jugend kann immerhin so etwas wie einen Erklärungsansatz bieten. Denn niemand wird als sadistischer Mörder geboren. Und es geschieht nicht selten, dass die Gewalt und Lieblosigkeit, die Menschen in ihrer Kindheit erfahren, später andere zu spüren bekommen. Bisweilen mit doppelter und dreifacher Wucht.

»Das Wichtigste ist das Machterleben«
Interview mit dem Sexualwissenschaftler
Prof. Wolfgang Berner

Seit den sogenannten Säurefassmorden sind mehr als 25 Jahre vergangen. Die Grausamkeit der Taten erfüllt auch Nachgeborene noch mit Entsetzen und Fassungslosigkeit, der sadomasochistische Hintergrund dagegen erscheint heute in einem ganz anderen Licht. Die Lust am Bösen, das Spiel mit Fesseln, Peitschen und Unterwerfungsritualen hat den Charakter des Abartigen verloren und wird von großen Teilen der Gesellschaft als eine von vielen Spielarten der Sexualität akzeptiert. Wo aber liegt die Grenze zwischen Spiel und Ernst? Wie groß ist die Gefahr, dass einvernehmlicher Lustgewinn in brutale Gewalt umschlägt?

Ein Gespräch über die unterschiedlichen Erscheinungsformen des Sadomasochismus und dessen Namenspatron Marquis de Sade mit einem ausgewiesenen Experten, dem Hamburger Psychiatrieprofessor Wolfgang Berner. Berner leitete von 1995 bis 2010 das Institut für Sexualforschung und forensische Psychiatrie am Universitätsklinikum Hamburg-Eppendorf und ist heute als niedergelassener Psychoanalytiker tätig. Zudem ist Berner vielfach mit wissenschaftlichen Publikationen hervorgetreten – unter anderem zum Thema Sadomasochismus.

Die Lust am Bösen scheint ja im Trend zu liegen. Das Fernsehen zeigt zur besten Sendezeit Krimis mit Sadomaso-Szenen, und seit dem Welterfolg von Shades of Grey *ist SM schon Gesprächsthema von Kaffeekränzchen. Sind die Tabugrenzen gesunken? Ist Sadomasochismus oder BDSM, wie es in Fachkreisen heißt, gesellschaftlich akzeptiert?*

In weiten Teilen der Gesellschaft sicher. Aber das war schon vor *Shades of Grey* so. Dass diese Form der Sexualität in einem Bestseller dieser Art vorkommen kann, zeigt, dass sie nicht mehr so verpönt ist, wie sie es einmal war. Fesselspiele im beiderseitigen Einvernehmen zum Beispiel gelten geradezu als schick, und eine kleine, hübsch verzierte Peitsche kann langweilig gewordenen »Routine-Sex« zum aufregenden Spaß machen. Man muss das allerdings auch auf einem kulturgeschichtlichen Hintergrund sehen.

Inwiefern?

Sexualität spielt heute im öffentlichen Bewusstsein insgesamt eine viel größere Rolle als in früheren Zeiten. Das sieht man ja schon an der Werbung. Während Frauen noch am Beginn des zwanzigsten Jahrhunderts meist als Jungfrauen in eine Ehe gegangen sind, kommt es heute extrem selten vor, dass ein Paar vor der Eheschließung noch keinen Sex hatte. Ein Soziologe soll einmal gesagt haben: Wir leben in einem Jahrhundert des Orgasmuszwangs. Man muss immer in der Lage sein, seine sexuelle Fitness unter Beweis stellen zu können. Somit ist es dann auch möglich, dass das sexuelle Element in einem modernen Lore-Roman eine so große Rolle spielt – sogar in einer Variante, die früher als pervers gegolten hätte. Auch im Hinblick auf sexuelle Vorlieben hat sich ja ein kultureller Wandel vollzogen. Pädophilie, früher stillschweigend akzeptiert und sogar von Kinderbuchautoren wie James Matthew Barrie (*Peter Pan*) literarisch geadelt, wird heute massiv geächtet, während Sadomasochismus erlaubt ist. Das ist die Tendenz.

Wie erklären Sie sich das?

Das hat mehrere Gründe. Zum einen könnte es damit zu tun haben, dass direkte Gewaltäußerungen spätestens seit dem Ersten Weltkrieg als derb und unwürdig gelten. Im achtzehnten Jahrhundert gehörte es noch zum guten Ton, dass ein Mann von Welt mit einem Degen herumlief – immer bereit, jeden zum Duell herauszufordern, der ihn beleidigte. Vielleicht finden Aggressionen, die auf diese direkte Weise nicht mehr abreagiert werden können, auch ein Ventil in Gestalt sexueller Rivalität – entweder nach dem Motto: »Ich spanne dir deinen Partner aus« oder aber in sexuellen Dominanz-Demonstrationen à la SM. Und es kommt noch etwas anderes hinzu: Durch die Gleichberechtigung der Frau gelten Dominanz und Unterwerfung in Partnerbeziehungen heute als unschicklich und werden in der Alltags-Sexualität zurückgedrängt. Früher war es ja selbstverständlich, dass der Mann dominant auftrat. Das wurde in der Regel von ihm erwartet. Da hat sich viel verändert. Aber durch die bewusst angestrebte Gleichstellung von Mann und Frau in den meisten Lebensbereichen ist auch etwas verloren gegangen: Die Lust am kraftvoll Genommenwerden und die Lust am eindeutigen und zupackenden Nehmen, die intensives Begehren ausdrücken, gelten als verdächtiger Machtanspruch und werden vermieden. Jetzt wird dieses luststeigernde Dominanzgebaren in ritualisierter, also auch kontrollierter Form offenbar wieder von vielen Menschen in ihr Sexualleben neu integriert.

Das klingt, als sei das ganz normal.
Ist es ja auch – jedenfalls in dieser spielerischen Form. Psychiater, Psychoanalytiker und Therapeuten haben nicht den Anspruch, Abweichungen von der Sexualnorm unter moralischen Aspekten zu sehen. Sie wollen sich ja auch heute vor dem politischen Missbrauch der Psychiatrie schützen. So lange solche Normabweichungen, wir sprechen von Paraphilien oder Präferenzen, keine seelischen oder körperlichen Leiden verursachen, besteht auch kein Behandlungsbedarf oder ein Grund, von einer Störung oder gar Krankheit zu sprechen. Psychiater und Psychotherapeuten lehnen es heute ab, wie vielleicht im neunzehnten und beginnenden zwanzigsten Jahrhundert die Büttel einer bestimmten Gesellschaft zu spielen, die moralische Vorurteile mit medizinischen oder psychiatrischen Begriffen verbrämt. Was einst als unmoralisch und verwerflich galt, sollte in einer vermeintlich vernunftorientierten Zeit als »krank« bezeichnet werden und damit auch sanktionierbar bleiben. Davon hat man sich zum Glück verabschiedet. Die sogenannten Heilberufe konzentrieren sich heute auf ihre eigentliche Aufgabe. Sie wollen helfen, wenn jemand leidet. In anderen Fällen sexueller Abweichungen hat der Therapeut sein Recht verloren.

Damit tragen dann ja auch die Therapeuten dazu bei, dass das einstmals Perverse gesellschaftsfähig wird und die Schamgrenze sinkt. Wie verbreitet sind eigentlich Sadomaso-Spiele heute?
Das kommt ganz darauf an, wie weit man den Begriff fasst. Allgemein könnte man vielleicht sogar sagen, dass eine gewisse Dosis Sadomasochismus in jeder Form der Sexualität enthalten ist. Wenn ich jemanden leidenschaftlich liebe, sage ich zum Beispiel: »Für dich würde ich alles machen« oder »Mach mit mir, was du willst«. Oder auch: »Für dich würde

ich durchs Feuer gehen oder sogar sterben« und umgekehrt: »Ich möchte dich festhalten und nicht mehr loslassen, dich fesseln, drücken, bis es schmerzt.« Sigmund Freud hat einmal gesagt: Das Perverse ist nicht das vollkommen andere, sondern etwas, das wir alle kennen – etwa als eine Art Vorlust in unserem Liebesspiel.

Aber bei SM-Spielen im engeren Sinne geht es ja doch auch um Auspeitschen und Foltern. Dass man sich daran berauscht, dem anderen Schmerzen zuzufügen. Ist das nicht ziemlich pervers?

Darüber kann man natürlich streiten. Solange solche Spiele auf gegenseitigem Einvernehmen basieren und beide damit zufrieden sind, braucht uns das in einer liberalen Gesellschaft gar nicht zu interessieren. Übrigens ist das entscheidende Merkmal für das Lusterleben beim Sadomasochismus – ganz gleich, ob es sich um den einvernehmlichen oder den nicht einvernehmlichen Sadomasochismus handelt, den wir dann als Störung bezeichnen – nicht der Schmerz selbst, sondern das, was dahinter steht. Das ist das Machterleben. Das Gefühl, das so weit gehen kann, dass man wünscht, Herr über Leben und Tod zu sein.

Wie entwickelt sich eigentlich eine solche Vorliebe? Sicher wird doch niemand als Sadomasochist geboren.

Nein, ganz bestimmt nicht, obwohl heute in der Wissenschaft weitgehend Einigkeit darüber besteht, dass es für alle Verhaltensmuster eine genetische Disposition, eine Veranlagung gibt – also auch für SM. Ob eine solche Veranlagung aber zum Durchbruch kommt, steht auf einem anderen Blatt. Das hängt davon ab, welche Erfahrungen wir in unserer frühen Kindheit machen: Ob wir uns geborgen fühlen, eine sichere Mutterbindung entwickeln oder uns vernachlässigt fühlen, um Zuwendung kämpfen müssen oder resignieren. Je geringer unser Urvertrauen ausgeprägt ist, desto ungeschützter sind wir Kränkungen oder Gewalterfahrungen ausgesetzt. Und dann kann es geschehen, dass wir uns in der Pubertät solche belastenden Erlebnisse während der Masturbation vorstellen und die Erfahrung machen, dass sie uns erregen. So gelingt es dann, eine Niederlage in einen Triumph zu verwandeln, und weil das so prickelnd war, wiederholen wir es. Immer wieder. In der Psychoanalyse spricht man in diesem Zusammenhang von der Umwandlung von Aggression in sexuelle Lust. Sehr oft entwickeln sich SM-Fantasien oder -Praktiken auch als Mittel der Depressionsvermeidung. Manche, vor allem Kinder, die massiv geschlagen wurden, verarbeiten ihre Leidenserfahrungen, indem sie mit den Erinnerungsbildern masturbieren und sie damit zu etwas sexuell Erregendem machen. Das setzt sich fort. So kann die sexuelle Lust zum Antidepressivum werden. Bei den meisten Menschen dämpfen depressive Stimmungen ja die Lust eher. Einer Minderheit aber gelingt es offenbar, mit Hilfe von sexuellen Handlungen über trübe Stimmungen hinwegzukommen.

Besteht nicht die Gefahr, davon abhängig zu werden wie bei einer Sucht, die nach immer stärkeren Reizen verlangt?
Das ist so ähnlich wie beim Marihuana. Nicht alle hängen am Ende an der Nadel. Bei weitem nicht. Bei der überwiegenden Zahl passiert gar nichts, aber es gibt eben einen Prozentsatz, der gefährdet ist. Da muss dann noch etwas dazukommen. Oft ist es eine tief sitzende Angst vor anderen Menschen, die sich schon in früher Kindheit entwickelt hat. Bei den Sexualstraftätern, die wir im Institut für Sexualforschung und Forensik untersucht haben, waren

sehr häufig massive Gewalterlebnisse zu finden. Sie wurden als Kinder heftig geschlagen oder haben miterlebt, wie ihre Mütter geschlagen wurden. Solche Menschen neigen später als Erwachsene selbst zur Gewalttätigkeit und sind damit stärker als andere gefährdet, die Kontrolle zu verlieren, auch im Bereich der Sexualität.

Welche Rolle spielt die Gewalt eigentlich ganz allgemein in der Sexualität?
Im Geschlechtsleben spielt das Element des »sich des anderen bemächtigen« immer eine gewisse Rolle. Das klingt schon an, wenn zum Beispiel eine Frau zum Mann sagt: »Ich möchte es etwas wilder oder stärker.« Die Besonderheit des Sadomasochismus besteht darin, dass die Gewalt hier so stark in den Vordergrund tritt, dass sie zum eigentlichen, manchmal sogar ausschließlich erregenden Moment wird. So ist es ja auch bei den übrigen sexuellen Abweichungen: Immer wird ein Teileelement aus der Gesamtgestalt der sexuellen Begegnung herausgelöst, ein Teil vom Ganzen – pars pro toto. Manche betonen diesen Teilaspekt so sehr, dass alles andere völlig uninteressant wird. Besonders deutlich zeigt sich das bei den Fetischisten. Zum Beispiel beim Fußfetischisten. Da reduziert sich das sexuelle Interesse im Extremfall auf den Fuß; der Rest der Frau interessiert gar nicht. Und das Spektrum des Fetischismus ist ungeheuer vielfältig: Das geht vom Schuh bis zum weißen Brautkleid. Ich hatte eine Patientin, die einen gelben Regenmantel tragen musste, weil ihr Partner nur auf diese Weise zu erregen war. Das hat die Frau zunächst gar nicht sehr gestört, sondern als ein reizvolles Spiel, eine Variante des Lusterlebens hingenommen. Bis sie gesehen hat, dass der Mann in seinen Kleiderschränken schon dreißig gelbe Regenmäntel hängen hatte. Da wurde ihr die

Sache doch etwas unheimlich. So etwas geschieht häufiger. Es gibt Menschen, die ein bestimmtes Muster als erregend empfinden – zum Beispiel Männer, die die Vorstellung erregend finden, dass die Frau nass aus einem Pool steigt, nur mit einem Tuch bekleidet, das ihre Reize dann nicht mehr verdecken kann. Zum Problem wird so etwas, wenn die Partner bemerken, dass sie für den anderen eigentlich gar keine Rolle mehr spielen. Dass der Fetisch alles bedeutet und sie als Person gar nicht gemeint sind.

Scheitern Beziehungen oft an solchen Obsessionen?

Eigentlich gelingt es nur sehr selten, dass eine solche Obsession, wie Sadomasochismus oder Fetischismus problemlos in eine Partnerschaft integriert werden kann. Die meisten leben Obsessionen eher mit »anonymen« Partnern oder in flüchtigen Partnerschaften aus. In intimen Partnerschaften geschieht es viel häufiger, dass die betroffenen Menschen ihre obsessiven Fantasien heimlich zu Hilfe nehmen müssen, um ihre Partner befriedigen zu können. So etwas kann jahrelang unbemerkt bleiben, oder die Partner ahnen das, sind etwas irritiert, verzichten aber im Interesse der Partnerschaft, die sie insgesamt schätzen und nicht verlieren möchten, darauf, die als nicht ideal empfundene Sexualität zu problematisieren. Der Wunsch nach zärtlicher Beziehung und der Wunsch nach sexueller Befriedigung fällt dann nicht mehr zusammen.

Dann kann es sicher auch mal gefährlich werden.

Manchmal führt das zumindest zu einem Doppelleben, was sich gelegentlich auch zu einer gefährlichen Entwicklung mit zunehmend suchtartigen Erlebnisformen im Geheimen auswachsen kann.

Interview mit Prof. Wolfgang Berner

Wo verläuft denn im SM-Bereich die Grenze zwischen Spiel und Ernst?

Gefährlich wird es, wenn jemand nur noch sexuell erregt wird, wenn er die reale Angst im Auge des anderen sieht. Wenn das Angstmachen zum beherrschenden Element wird, dann ist Zärtlichkeit eigentlich ausgeschlossen. Hier ist die Einvernehmlichkeit, die ich vorher als Kriterium für den Störungscharakter einer Obsession genannt habe, nicht mehr möglich. Es gibt aber auch Fälle, wo dieses Kriterium nicht anwendbar ist. In Schottland ist es zum Beispiel vorgekommen, dass ein Chirurg einem Mann auf dessen Wunsch hin sein Beim amputiert hat. Da kann man natürlich zu Recht einwenden, dass ein Mann krank ist, der so einen Wunsch äußert. Denn hier handelt es sich eindeutig um eine nicht mehr reparierbare Selbstschädigung, wie sie bei einer Depression mit Selbstmord-Tendenzen vorkommt. Da hat man dann auch als Arzt die Pflicht, Selbstschädigung zu verhindern, denn wir gehen davon aus, dass es sich um einen augenblicklichen Affekt handelt, der wohl irgendwann wieder vom Betroffenen bereut wird. Wenn der Masochismus so extrem selbstverletzende Züge annimmt, kann man nicht einfach aus eigener Lust mitspielen. Das gilt in besonderem Maße auch für Menschen, die sich zum Beispiel aus einer Depression heraus von anderen schlachten lassen wollen. Solche Fälle von sogenanntem Kannibalismus hat es ja in den letzten Jahren mehrmals gegeben, und sie machen immer wieder Schlagzeilen.

Das sind aber ja natürlich erschreckende Ausnahmefälle. Im Alltag dürfte sich beim SM-Sex häufiger das Problem stellen, dass die Rollen in diesem Rollenspiel nicht konfliktfrei verteilt sind. Es ist doch wohl eher ein Idealfall, dass ein Mann mit sadistischen Neigungen auf eine masochistisch veranlagte Frau trifft.

Sicher. Es kommt eher selten vor, dass sich Paare finden, die genau entsprechende Obsessionen haben. Das kann aber trotzdem gelingen, wenn die Vorlieben nicht zu eng gefasst sind, also das Pars-pro-toto-Element nicht zu ausschließlich ist und Spielraum für unterschiedliche Befriedigungsmöglichkeiten bleibt. Viele Sadomasochisten, besonders die, die niemals therapeutische Hilfe in Anspruch nehmen, sondern sich eher in Clubs organisieren, haben beide Neigungen in sich und lieben es zu »switchen«, also umzuschalten. Wirklich erregend wird die spielerische Demütigung des anderen ja erst dadurch, dass ich mich gleichzeitig in den Partner hineinversetze und nachvollziehen kann, wie der andere sich fühlt.

Sehr viel läuft ja im SM-Bereich über Fantasie, wie Sie schon sagten. Wie offen gehen Ehepartner eigentlich damit um?

Es kann durchaus sein, dass ein Partner ein Leben lang nichts von den Fantasien des anderen erfährt. Meistens merkt er wohl schon, dass der Partner anderswo ist mit seinen Gedanken. Aber oft möchte man gar nicht so genau wissen, was im Kopf des anderen vorgeht. Das klingt vielleicht furchtbar, aber das Leben ist viel komplizierter, als man glaubt. Es gibt tiefe Liebesbeziehungen, bei denen so ein Ventil sehr nützlich ist und es keineswegs schadet, wenn einer der Partner – meistens ist es der Mann – beim Sex sadistische oder masochistische Fantasien entwickelt.

Wie erklären Sie es sich eigentlich, dass Männer im SM-Bereich sehr viel häufiger in Erscheinung treten als Frauen?

Das hat Gründe, die in den unterschiedlichen Rollen

liegen, die die Sexualität für Frauen und Männer bereit hält. Für Frauen spielen Beziehungselemente in der Sexualität eine viel wesentlichere Rolle als für Männer, die viel mehr von Signalen, oft visuellen Auslösern, abhängen und häufiger als Frauen anonymen beziehungslosen Sex genießen. Aber unter den unterschiedlichen Vorlieben, die es gibt, ist es gerade der Sadomasochismus, in dem das Überwiegen der Männer nicht so stark ist wie bei den anderen Präferenzen.

Eine ganz andere Kategorie sind ja Männer, die andere gegen deren Willen gefangen halten, quälen und missbrauchen. In der Regel fallen die Ehefrauen, Familienangehörigen und Freunde aus allen Wolken, wenn so etwas auffliegt. Sind Sexualstraftäter mit SM-Hintergrund wirklich so geschickt, ihre Umwelt zu täuschen oder verschließen die Angehörigen die Augen vor der Realität?

Wenn sich schon in der Pubertät eine starke Tendenz zur einsamen Selbstbefriedigung entwickelt, mit Fantasien, die so viel Aggression enthalten, dass man sie mit niemandem teilen kann, dann kann diese Quelle der Lust ein Eigenleben entwickeln – fast so wie ein einsamer Drogenkonsum. Immer öfter wird dieses einsame Masturbieren als Trostquelle für alle Frustrationen des Lebens eingesetzt. Hat man aber einmal ein solches »Trostpflaster« entwickelt, kann man häufig im Alltag erstaunlich gut funktionieren und imponiert oft als jemand, der viel aushält und auf sich nimmt. Je mehr Frustration und damit zusammenhängende Wut man aber verdrängt und dann durch Selbstbefriedigung mit aggressiven Fantasien »abreagiert«, umso bizarrer können sich solche heimlichen Fantasien weiterentwickeln. Bei den meisten Betroffenen hält aber diese Aufspaltung in aggressives Fantasieleben und freundlicher Alltagsmensch. Man spricht dann davon, dass die aggressiv-sexuelle Fantasie »wie eine Plombe«

den Rest der Persönlichkeit vor Zusammenbrüchen schützt. Wenn allerdings die Spannungen zwischen diesen getrennt gehaltenen Welten zu groß werden, kann die Plombe brechen. Die Fantasien reichen dann nicht mehr aus, sie drängen nach Verwirklichung. Dann haben wir die katastrophalen Verläufe, die zu schweren Sexualdelikten führen.

Als Gutachter hatten Sie häufig auch Prognosen zur Rückfallgefahr verurteilter Sexualstraftäter zu erstellen. Hatten Sie nicht oft ein ungutes Gefühl dabei?

Die Begutachtung ist heute zu einer hoch entwickelten Spezialwissenschaft geworden, die weit über das hinausgeht, was der Allgemein-Psychiater in seiner Ausbildung am Krankenbett lernt. Sie wird daher mehr und mehr sogenannten forensischen Psychiatern anvertraut. Aber auch wenn man als Gutachter alles richtig gemacht und alle Kriterien, die es zu beachten gilt, berücksichtigt hat, kann sich das so genannte Restrisiko verwirklichen und zu einer schweren Straftat führen. Das ist dann für den beurteilenden Psychiater noch etwas schlimmer als der Tod eines Patienten am Operationstisch des Chirurgen. Denn es ist ja nicht der Kranke selbst, dem man nicht geholfen hat, sondern ein unschuldiges Opfer. Trotzdem braucht man Ärzte, die sich dieser undankbaren Aufgabe stellen. Von den hundert Fällen, bei denen es gut gegangen ist, spricht niemand. Der eine Fall, der zur Katastrophe führt, wird dagegen immer medial ausgeschlachtet.

Sie waren einige Jahre lang ärztlicher Leiter einer Strafanstalt für Sexualstraftäter in Wien. Wie beurteilen Sie die Therapiemöglichkeiten bei Sexualstraftätern mit sadistischen Neigungen?

Seit damals sind gut zwanzig Jahre vergangen. Seither hat

sich die Therapie für Sexualstraftäter ständig weiterentwickelt und verbessert. Sie können mir glauben, keine Therapieform steht so auf dem Prüfstand wie gerade die Straftätertherapie, und immer wieder wird ihre Effektivität in Zweifel gezogen. Große Analysen mit Zehntausenden von Untersuchten gehen davon aus, dass der Effekt dieser Therapien ähnlich zu beurteilen ist, wie der Effekt von Sucht-Therapien. Es kommt aber auch hier darauf an, dass man die Täter zunächst differenziert diagnostiziert und dann spezifische Behandlungsprogramme zur Anwendung bringt.

Ein französischer Sexualstraftäter mit Adelsprädikat wird zweihundert Jahre nach seinem Tod in intellektuellen Kreisen als Vorkämpfer der sexuellen Revolution und Held der Moderne gefeiert: Marquis de Sade. Sie haben über diesen Namenspatron des Sadismus geschrieben. Können Sie Ihre Einschätzung knapp zusammenfassen?

De Sade vertritt in seinen Werken ja ein sehr egozentrisches Konzept von Liebe und Sexualität. Der andere hat dabei ausschließlich die Funktion, meiner Lust zu dienen und wird damit zum Objekt. Das ist aus meiner Sicht eigentlich kein Weg zur sexuellen Befreiung. Was aber bei de Sade so monströs und geradezu unmenschlich in Erscheinung tritt, ist in unser aller Sexualität elementar enthalten, trotz aller modernen Hygiene und Verhandlungsmoral. Die Faszination de Sades ist eigentlich ganz leicht zu erklären. Er hat etwas bis zur letzten Konsequenz getrieben, was auch Teil unseres Selbst ist und oft nur mühsam durch Gegenkräfte im Zaum gehalten wird.

Hat de Sade zu Recht im Gefängnis gesessen?

Das ist schwer zu sagen. Vieles ist ja nebulös geblieben,

und die Berichte sind abhängig davon, ob ihre Verfasser Anhänger oder Gegner de Sades waren. Meiner Ansicht nach ist er eher wegen recht harmloser Dinge verurteilt worden. Aber da war wohl mehr. Vieles spricht dafür, dass er seine gewalttätigen Sexualfantasien, die in seinen Büchern zum Ausdruck kommen, auch ausgelebt hat. Manche haben auch von Knochenfunden in seinem Garten gesprochen, die den Verdacht erweckten, es seien dort Frauenleichen vergraben worden. Nachgewiesen wurde das aber nie.

Das lässt doch aber auf eine massive Störung schließen.
Vieles spricht dafür. Sein Vater und besonders ein Onkel sollen sich schon erstaunliche gesellschaftliche »Freizügigkeiten« geleistet haben. Zum andern könnte man mit einem modernen Begriff von Wohlstandsverwahrlosung sprechen. Von seiner Herkunft her privilegiert, hatte er eine ehrgeizige, aber sehr kühle und verständnislose Mutter, die ihn sehr früh einem Internat mit gewalttätigen Disziplinierungen anvertraut hat. Schon mit sechzehn Jahren war er Kriegserlebnissen ausgesetzt. Da ist er in den Siebenjährigen Krieg gezogen, wo es Mann gegen Mann um Leben und Tod ging. Ich vermute, dass er traumatische Kriegserlebnisse später durch seine sadomasochistischen Fantasien und Praktiken kompensiert hat. Auch Erlebnisse im Gefängnis dürften sich ausgewirkt haben. Nicht zuletzt ist de Sade sicher auch durch die Französische Revolution geprägt worden. Sie hat ihn ermutigt, das bisher Undenkbare zu denken und danach zu handeln.

Nachwort

Der Fall sorgte nicht nur in Hamburg für Schlagzeilen. Die sogenannten Säurefassmorde schlugen Wellen weit über die Grenzen der Hansestadt hinaus. Auch fast zwanzig Jahre nach dem Prozess vor dem Landgericht Hamburg sind noch nicht alle Fragen geklärt. Trotz der langen Zeit sind auch die Emotionen, die diese beklemmenden Verbrechen freisetzten, nicht gänzlich verebbt.

Gleichwohl ist es lohnend, aus der zeitlichen Distanz auf die mittlerweile historischen Kriminalfälle zurückzublicken. Denn sie handeln nicht nur von tragischen Einzelschicksalen und menschlichen Abgründen, sondern beleuchten schlaglichtartig auch grundlegende Problemfelder der Kriminologie und Sexualforschung.

Ein eher trübes Licht fällt auf die SM-Szene. Bei aller Skepsis gegenüber den verharmlosenden SM-Bekenntnissen des Mörders kann davon ausgegangen werden, dass Seifert der Lust am Quälen und Erniedrigen auf krankhafte Weise verfallen war. Der Fall zeigt damit das Gefahrenpotenzial, das sich mit Sadomasochismus verbindet. Und seit den spektakulären Frauenmorden hat sich der SM-Kult von einem Randphänomen zu einer Modeerscheinung entwickelt. SM liegt im Trend – und dieser Trend strahlt weit über die Szene hinaus.

Es gibt gute Gründe, von einem kulturgeschichtlichen Wandel zu sprechen. Was vor zwanzig Jahren noch als verwerflich galt, gilt mittlerweile als erregend und sexy. Das gesellschaftlich akzeptierte Spiel mit der Gewalt hat Grenzen aufgeweicht und Umwertungen nach sich gezogen, seitdem es sich zum Volkssport entwickelt hat.

Dies zeigt sich besonders deutlich beim Thema Vergewaltigung. Wer vor zwanzig Jahren behauptete, Frauen sehnten sich danach, vergewaltigt zu werden, musste fürchten, medial gesteinigt zu werden. Heute ist die Vergewaltigung in manchen Frauenromanen fast schon zu einem Stück erfüllter Sexualität geworden. Eine (durchaus sympathische) Doktorandin in dem italienischen Roman „Marina Bellezza" zum Beispiel streichelt zärtlich die Kratzer und Wunden, die ihr ihr Traummann bei einer brutalen Vergewaltigung zugefügt hat – ohne so etwas wie Groll gegen den Vergewaltiger zu hegen. Geschrieben hat diesen Roman eine Frau: die italienische Bestsellerautorin Silvia Avallone. Auch in Frauenzeitschriften ist es salonfähig geworden, von starken, dominanten Männern und dem prickelnden Gefühl des Ausgeliefertseins zu träumen, und fragwürdigen Studien zufolge hat ein hoher Prozentsatz von Frauen Vergewaltigungsfantasien. Natürlich soll es immer einvernehmlich zugehen. Aber ist einvernehmliche Vergewaltigung nicht ein Widerspruch in sich? Deutet sich hier nicht an, wie schnell die Grenze zwischen dem Spiel mit sexueller Gewalt und echter Gewalt überschritten ist? Können sich vielleicht Vergewaltiger künftig damit rechtfertigen, im Sinne ihrer Opfer gehandelt zu haben?

Der renommierte Sexualwissenschaftler Wolfgang Berner verweist zu Recht darauf, dass auch die Lust am Genommenwerden zur menschlichen Erotik gehört – allen Gleichberechtigungskampagnen zum Trotz. Doch entscheidend sind feste Grenzen, sonst droht ein Rückfall in Zeiten, als Vergewaltigung noch als Kavaliersdelikt galt.

Die „Säurefassmorde" werfen auch ein Schlaglicht auf ein

ganz anderes Phänomen: Immer wieder verschwinden Menschen, deren Spuren sich nach und nach verlieren. Tag für Tag werden in Deutschland laut Bundeskriminalamt (BKA) zwischen 250 und 300 Menschen als vermisst gemeldet. Insgesamt waren am 1. April 2014 beim BKA 5963 vermisste Personen registriert, darunter 499 Kinder unter 13 Jahren, 1801 Jugendliche und 3683 Erwachsene. Knapp zwei Drittel aller Vermissten sind männlich.

Erfahrungsgemäß erledigen sich fünfzig Prozent der registrierten Vermisstenfälle schon innerhalb einer Woche; nach einem Monat liegt die »Erledigungs-Quote« laut BKA bereits bei gut achtzig Prozent. Der Anteil der Menschen, die länger als ein Jahr vermisst werden, liegt demnach bei nur drei Prozent. Das klingt beruhigend. Doch die absoluten Zahlen vermitteln einen etwas anderen Eindruck: Jahr für Jahr verschwinden in Deutschland im Durchschnitt 200 Menschen, deren Schicksal auch nach zwölf Monaten noch ungeklärt ist.

Und nicht jeder Erwachsene, der plötzlich verschwindet, taucht in der Statistik überhaupt auf. Denn registriert werden nur Vermisste, nach denen polizeilich gefahndet wird. Voraussetzung für eine Fahndung ist, dass Gefahr für Leib und Leben besteht. »Erwachsene, die im Vollbesitz ihrer geistigen und körperlichen Kräfte sind, haben das Recht, ihren Aufenthaltsort frei zu wählen, auch ohne diesen den Angehörigen oder Freunden mitzuteilen«, heißt es unter den Hinweisen des BKA zur polizeilichen Bearbeitung von Vermisstenfällen. »Es ist daher nicht Aufgabe der Polizei, Aufenthaltsermittlungen durchführen, wenn die beschriebene Gefahr für Leib oder Leben nicht vorliegt.«

Viele fühlen sich daher allein gelassen, wenn Angehörige wie aus heiterem Himmel ohne erkennbaren Grund verschwinden und die Polizeibeamten nur mit einem müden Achselzucken reagieren. Nicht selten geschieht es, dass Menschen sich in verblüffenden Botschaften von ihrer gewohnten Umgebung verabschieden, oft aber bleiben die nächsten Angehörigen ohne jeden Hinweis auf mögliche Motive allein und ratlos zurück. Und da zumeist keine Hinweise auf ein Verbrechen vorliegen, besteht für die Polizei in der Regel eben kein Grund, solchen Vermisstenfällen akribisch auf den Grund zu gehen. Hinzu kommen Mordfälle, die unentdeckt bleiben, weil bei oberflächlicher Betrachtung keine Hinweise auf ein Verbrechen vorliegen. »Wenn auf den Gräbern aller Ermordeten ein Lichtlein stünde, wären unsere Friedhöfe hell erleuchtet«, sagen Kenner der Szene. Bei einer Tagung von Rechtsmedizinern im Jahre 1998 wurde eine These laut, die daraufhin in einer kurzen, aber schockierenden Meldung in mehreren deutschen Tageszeitungen für Aufsehen sorgte: »Jeder zweite Mord bleibt unentdeckt«. Ärzte, hieß es da, übersähen oft Tötungsdelikte, und die Gerichtsmedizin sei in der Regel hoffnungslos überfordert. In ihrem Buche *Tote haben keine Lobby* ist Sabine Rückert dieser »Dunkelziffer der vertuschten Morde« auf unterschiedlichen Ebenen nachgegangen und auf beängstigende Missstände gestoßen.

Auch die Hamburger Säurefassmorde zeigen, dass es sich manchmal lohnt, etwas genauer hinzusehen. An diesen Fällen lässt sich zudem ablesen, wie groß die Gefahr ist, dass kriminalistische Routine den unvoreingenommenen Blick auf die Schicksale von Vermissten versperrt. Nur der engagierte Einsatz einer einzelnen Polizeibeamtin führte hier dazu, dass die Ermittlungsmaschinerie schließlich doch noch anlief. Die Säurefassmordfälle sind insofern auch zu einer Art Lehrstück für die Polizeiausbildung geworden: Sie dokumentieren, wie wichtig es für Polizeibeamte ist, Menschen in Not ernst zu nehmen, vorurteilsfrei zuzuhören, ressortübergreifend zu denken und notfalls auch die gewohnten Dienstwege zu verlassen.

Mit Rücksicht auf die noch tätigen oder aber bereits pensionierten Beamten habe ich die Namen der Ermittler zum Teil auf Wunsch geändert. Die Abläufe indessen entsprechen den Schilderungen und Bewertungen der beteiligten Polizisten und anderer Menschen aus dem Umfeld der Fahndung und juristischen Aufarbeitung.

Auch die Namen des Täters und seiner unmittelbaren Familienangehörigen sind verändert. Im Unterschied zu anderen Publikationen habe ich mich hierzu aus Gründen des Persönlichkeitsschutzes entschieden. Meine Informationen über den Täter stützen sich in erster Linie auf die polizeilichen Ermittlungen und die Gerichtsverhandlung, bei der der Angeklagte auch mit zahlreichen Aussagen selbst das Wort ergriff. Hierbei ist es von Bedeutung, dass der Beschuldigte – Lutz Seifert genannt – die Mordvorwürfe trotz unterschiedlicher Teilgeständnisse bis zuletzt zurückwies.

Dabei ist es bis heute geblieben, wie auch seine Briefe zeigen, die hier dokumentiert sind. Sie spiegeln nicht nur die Unschuldsbeteuerungen wider, sondern geben auch Einblick in die Sprache und Geisteshaltung des Verurteilten. Ich habe in der Regel auf eine Bewertung verzichtet und überlasse es dem Leser, daraus seine Schlüsse zu ziehen.

Bei allem Bemühen um eine umfassende Recherche stellte sich im Übrigen das Problem, dass Erinnerungen nach so langer Zeit zum Teil verblasst und die zurückliegenden Ereignisse für manch einen zu schmerzhaft waren, um darüber noch einmal zu sprechen. Gleichwohl ergibt sich aus der Vielzahl von Gesprächen und den ausgewerteten

Nachwort

Dokumenten ein Gesamtbild, das mir als Grundlage für die Rekonstruktion dieses vielschichtigen Falles ausreichend zu sein schien – mag es im Detail auch abweichende Sichtweisen geben. Wie bei meinem Buch über den Kindermörder Ronny Rieken kann ich auch im Fall der »Säurefassmorde« nicht den Anspruch erheben, alle Rätsel gelöst zu haben. So ist dieses Buch letztlich nicht mehr – aber auch nicht weniger – als eine Annäherung an das Unfassbare. Eine Spurensuche im Dschungel des Befremdlichen.

Anhang

Verwendete Literatur

Wolfgang Berner: Perversion. Psychosozial-Verlag, Gießen 2011.

Leonore Gottschalk-Solger, Anke Gebert: Die Strafverteidigerin. Kindler, Hamburg 2009.

Andreas Hill, Peer Briken, Wolfgang Berner (Hg.): Lust-voller Schmerz. Sadomasochistische Perspektiven. Psychosozial-Verlag, Gießen 2008, daraus:

Holger Tiedemann: Das verfolgte Selbst – Zur christlichen Vorgeschichte des Sadomasochismus,

Wolfgang Berner: Francois de Sade und die Folgen,

Kathrin Passig: Sadomasochismus in Zahlen,

Nikolaus Becker: Die psychoanalytische Theorie des Sadomasochismus. Wann ist SM krank?,

Jürgen Hoyer: Sadomasochismus – Kognitiv-verhaltenstherapeutische Perspektiven,

Peer Briken: Sadismus im forensischen Kontext.

Walter Lennig: Marquis de Sade. Rowohlt-Monografie, Reinbek 1965.

Franco de Masi: Die sadomasochistische Perversion. frommann-holzboog-verlag, Stuttgart 2010.

Thomas Müller: Bestie Mensch. Tarnung, Lüge, Strategie. Rowohlt, Hamburg 2006.

Harald Oelker: Basedow. Geschichte eines Dorfes. Viebranz-Verlag, Schwarzenbek 2009.

Markus A. Rothschild (Hg.): Die unglaublichsten Fälle der Rechtsmedizin. Militzke-Verlag, Leipzig 2011.

Sabine Rückert: Tote haben keine Lobby. Hoffmann und Campe, Hamburg 2000.

ANHANG

Danksagung

Für die freundliche Hilfe bei der Recherche danke ich vor allem der früheren Kriminalbeamtin Marianne Atzeroth-Freier, ohne die dieses Buch nicht möglich gewesen wäre. Außerdem danke ich den (aktiven und pensionierten) Polizeibeamten Jens-Uwe Asmußen, Andreas Lohmeyer, Wolfgang Sielaff und Josef Tielsch. Zu Dank verpflichtet bin ich zudem Thomas Heise von *Spiegel-TV*, dem Astrologen Jean-Paul Zamora, dem langjährigen Leiter des Instituts für Sexualforschung und Forensik und Psychiater Wolfgang Berner sowie dem Drehbuchautor Rainer Berg. Dank schulde ich auch Margarete und Bernd Röhl, die trotz ihrer schmerzlichen Erinnerungen bereit waren, mit mir zu sprechen. Wertvolle Informationen verdanke ich zudem Menschen in dem Dorf Basedow, die aus verständlichen Gründen nicht namentlich genannt werden möchten. Nicht zuletzt bedanke ich mich bei Richter Gerhard Schaberg und Oberstaatsanwalt Carsten Rinio für juristische Hintergrundinformationen.

Eine große Hilfe war mir auch meine Tochter Elisabeth, die mein Manuskript in einem frühen Stadium gegengelesen und die Arbeit an dem Buch durch viele Gespräche begleitet hat. Dies gilt ebenso für meinen Sohn Simon und meine Frau Gabriele. Danke!

ANHANG

Über den Autor

Heinrich Thies, Jahrgang 1953, studierte Germanistik, Politik, Philosophie und Journalistik. Er war Reporter bei der *Hannoverschen Allgemeinen Zeitung* und ist Autor zahlreicher Bücher, so auch der Studie *Ronny Rieken. Portrait eines Kindermörders* (2005) sowie der Romanbiographie *Die verbannte Prinzessin. Das Leben der Sophie Dorothea* (2007).

Heinrich Thies bei *zu Klampen!*

Das Mädchen im Moor · Kriminalroman
Herausgegeben von Susanne Mischke
368 Seiten, Hardcover · ISBN 978-3-86674-088-4
*In der Lüneburger Heide wird ein Mädchen umgebracht.
Ihr Lehrer muss dafür ins Gefängnis. Als er freikommt,
versucht er, seine Unschuld zu beweisen.*

Schweinetango · Kriminalroman
Herausgegeben von Susanne Mischke
225 Seiten, Hardcover · ISBN 978-3-86674-044-0
*Der Maskentanz in der Dorfkneipe ist derb. Und doch lassen
sich beim »Schweinetango« zarte Bande knüpfen. Cord Krögers
neue Geliebte aber hat nicht mehr lange zu leben.*

Die verbannte Prinzessin · Das Leben der Sophie Dorothea
Romanbiographie
352 Seiten, Hardcover mit Umschlag · ISBN 978-3-933156-93-8
*Eine Liebestragödie im Strudel der Weltpolitik –
in allen Facetten der Barockzeit*

Ronny Rieken · Portrait eines Kindermörders
174 Seiten, Hardcover · ISBN 978-3-934920-54-5
*Das beeindruckende und beklemmende Portrait eines
Kindermörders von Heinrich Thies zeigt, wie nah Abgrund
und Normalität beieinander liegen.*